CICÉRON

LA RÉPUBLIQUE

TRADUCTION NOUVELLE

A L'USAGE DES ÉLÈVES DE PHILOSOPHIE

Avec des Notes Critiques, Historiques et Littéraires

PAR

M. CL. GINDRE DE MANCY

Aucien élève de l'école normale,
Agrégé de l'Université, Professeur de Philosophie au Lycée de Rouen.

PARIS

LIBRAIRIE CLASSIQUE D'EUGÈNE BELIN

RUE DE VAUGIRARD, N° 52.

CICÉRON

—

LA RÉPUBLIQUE

CICÉRON

LA RÉPUBLIQUE

TRADUCTION NOUVELLE

A L'USAGE DES ÉLÈVES DE PHILOSOPHIE

Avec des Notes Critiques, Historiques et Littéraires

PAR

M. CL. GINDRE DE MANCY

Ancien élève de l'école normale,
Agrégé de l'Université, Professeur de Philosophie au lycée de Rouen.

PARIS

LIBRAIRIE CLASSIQUE D'EUGÈNE BELIN
RUE DE VAUGIRARD, N° 52.

1867

PROPRIÉTÉ.

SAINT-CLOUD. — IMPRIMERIE DE Mme Ve BELIN.

NOTICE

HISTORIQUE ET CRITIQUE SUR LE TRAITÉ DE LA RÉPUBLIQUE.

I.

Le *Traité de la République*, dont nous donnons une traduction nouvelle, est une véritable découverte, une très-originale conquête de l'érudition moderne. L'infatigable persévérance, la sagacité pénétrante d'un savant, tout à fait dignes des beaux temps de la Renaissance, ont retrouvé un des plus admirables ouvrages de Cicéron, un des plus magnifiques monuments de l'antiquité, celui dont la perte semblait la plus cruelle et la plus irréparable. Le *Traité de la République* avait disparu au VIIe siècle de notre ère : *habent sua fata libelli*. Cet ouvrage, qui était dans toutes les mains, que citent avec tant de complaisance Sénèque, Suétone, Pline l'Ancien, que copient, imitent ou analysent Lactance et saint Augustin, que devaient lire encore Boèce, Priscien et Isidore au commencement du VIIe siècle, ne se retrouve plus au siècle suivant; et depuis, tous les efforts des savants du moyen âge et de la Renaissance, de Roger-Bacon, de Pétrarque, du Pogge avaient été impuissants à ressaisir les traces du texte complet et authentique de *la République*, dont les copies paraissent pourtant avoir été si multipliées dans les âges précédents. Pour avoir quelque idée d'un des meilleurs ouvrages de Cicéron, on était réduit à recueillir précieusement les citations tronquées, les allusions obscures, les remarques étymologiques des grammairiens, des commentateurs et des polygraphes tels que Fronton, Aulu-Gelle, Nonius, Macrobe et Priscien. Un seul fragment du VIe Livre, fragment considérable et connu sous le nom de *Songe de Scipion*, nous avait été conservé par Macrobe; un commentaire de Favonius Eulogius, une traduction de ce morceau capital par un Grec de Byzance, Planude, en nous aidant à apprécier les beautés singulières d'un simple épilogue du *Traité de la République*, augmentaient les regrets de l'Europe savante, et rendaient plus sensible la perte de l'ouvrage entier.

Ce deuil des lettres latines, que ne comprendront guère sans doute nos jeunes générations, trop indifférentes et si peu curieuses des choses de l'esprit, fut un peu consolé au commencement de ce siècle par une de ces heureuses fortunes qui n'arrivent d'ailleurs qu'aux savants qui les méritent. Vers 1820, le conservateur de la Bibliothèque *Ambrosienne* de Milan, le docte *Angelo Mai*,

après de patientes recherches et quelques essais couronnés de succès, découvrait dans la Bibliothèque du Vatican un texte authentique de la *République*, et donnait ainsi à sa nouvelle méthode
d'investigation la sanction la plus éclatante. Mais l'intéressante
histoire de cette méthode et de cette découverte veut quelques explications.

II.

Nos écoliers, qui peuvent aujourd'hui se procurer à si bon marché
une bibliothèque classique composée des chefs-d'œuvre de l'esprit
humain, ne seront guère touchés, sans doute, de la disette de livres dont souffraient et se plaignaient si vivement les plus savants
hommes, avant le XVI⁰ siècle et la découverte de l'imprimerie.
Nous risquons toujours d'être ingrats ou injustes envers le moyen
âge, qui, par le malheur des temps, était encore plus pauvre
qu'ignorant. Rares étaient les manuscrits que les monastères,
derniers asiles des études, se prêtaient avec de religieuses recom-
mandations; plus rare encore était le parchemin. Ce n'était pas la
patience qui manquait aux moines pour recopier de leur plus belle
écriture les manuscrits de l'antiquité que les tourmentes de l'invasion avaient épargnés : plusieurs passaient leur vie et dévouaient
leur modeste ambition à transcrire pour leur couvent un de ces
beaux ouvrages qui avaient fait l'éducation intellectuelle et morale
des grands siècles de la Grèce et de Rome, dernières lueurs que
la civilisation antique jetait encore sur la profonde nuit de la bar-
barie. Ce qui manquait à ces copistes infatigables et, il faut l'avouer,
trop souvent maladroits — c'était..... ce qu'il faut pour écrire. On
n'en était pas alors à gaspiller le papier et les livres écrits à la
main : le papier n'existait pas. « L'usage du papier à coton, dit
le Père Montfaucon, vint fort à propos dans un temps où il paraît
qu'il y avait grande disette de parchemin, ce qui nous a fait perdre
plusieurs anciens auteurs; voici comment : depuis le XII⁰ siècle,
les Grecs, plongés dans l'ignorance, s'avisèrent de racler les écritures des anciens manuscrits en parchemin, et d'en ôter autant
qu'ils pourraient toutes les traces, pour y écrire des livres d'église.
Ce fut ainsi qu'au grand préjudice de la république des lettres, les
Polybe, les Dion, les Diodore de Sicile et d'autres auteurs que
nous n'avons plus, furent métamorphosés en triodons, en penté-
costaires, en homélies et en d'autres livres d'église. Après une
exacte recherche, je puis assurer que des livres écrits sur du parchemin depuis le II⁰ siècle, j'en ai plus trouvé dont on avait raclé
l'ancienne écriture que d'autres. Mais, comme tous les copistes
n'étaient pas également habiles à effacer ainsi ces premiers auteurs,
il s'en trouve quelques-uns où l'on peut lire au moins une partie
de ce qu'on avait voulu raturer (1).»

(1) Montfaucon : *Mémoires de l'Académie des inscriptions*, tome VI, page 606, —
cité par **M.** Villemain, dans son *Discours préliminaire*.

Nous voici au courant du procédé par lequel les copistes du moyen âge s'efforçaient de suppléer à l'extrême disette du parchemin : jamais procédé ne fut plus dangereusement économique. Il nous faut compter sur ce que le Père Montfaucon appelle, avec une ingénieuse naïveté, la maladresse des copistes pour ressaisir dans les *inter-lignes* ou même sous les diverses et successives *surcharges* quelques précieux linéaments de l'écriture primitive. Que de *palimpsestes* (c'est le nom qu'on a donné à ces parchemins à plusieurs fins) il faut gratter pour avoir la chance de retrouver quelques lignes dignes d'être recueillies et conservées ! C'est le travail courageux auquel le cardinal Angelo Mai a consacré la plus grande partie de sa vie, et qui recommande son nom à notre reconnaissance.

Des fragments de trois discours et de quelques autres ouvrages de Cicéron, des épîtres grecques et latines de Fronton, des lettres latines de Marc-Aurèle, quelques autres trouvailles moins intéressantes faites dans le champ des sophistes, des rhéteurs et des commentateurs, furent les premières conquêtes du nouveau Champollion qui déchiffrait ces hiéroglyphes d'une nouvelle espèce avec un soin également scrupuleux et jaloux. Enfin, en 1821, Angelo Mai eut la main tout à fait heureuse : dans un volumineux manuscrit du Vatican, qui contenait des *Commentaires de saint Augustin sur les Psaumes*, recopiés par un moine de Saint-Colomban, à Bobbio, il retrouva des fragments considérables de *la République de Cicéron*. Le moine de Bobbio avait gratté ou effacé ou surchargé le texte de Cicéron pour faire place à saint Augustin : Angelo Mai dut gratter saint Augustin pour retrouver Cicéron (1).

III.

Il ne retrouva pas tout. Des six livres *de la République*, le manuscrit du Vatican, dont beaucoup de feuillets manquent ou ne se suivent pas, ne nous a rendu qu'une partie considérable du premier, une portion assez étendue du second, des fragments importants du troisième. Du quatrième et du cinquième, nous n'avons rien ou presque rien : quelques phrases détachées, quelques citations tronquées, empruntées pour la plupart aux grammairiens, composent les débris informes de cette partie du monument. Les découvertes d'Angelo Mai n'ont ajouté que des fragments insigni-

(1) Pour être juste, il faut reconnaître que le procédé de superposition des écritures n'était pas nouveau au moyen âge ; le nom même de *palimpseste* (παλίμψηστος) est employé par Cicéron pour désigner un manuscrit de ce genre. Il plaisante à ce sujet, dans une lettre au jurisconsulte Trébatius qui lui avait écrit sur une feuille ainsi rayée, « Votre lettre, lui répondit-il, est fort bien de tous points. Qu'elle soit
» sur *palimpseste*, j'en loue votre économie ; mais je ne conçois pas ce qu'il pou-
» vait y avoir écrit d'abord sur ce petit papier, pour que vous ayez mieux aimé
» l'effacer que de ne pas écrire ceci ; à moins de supposer que c'étaient vos for-
» mules de chicane. Car je ne veux pas croire que vous grattiez mes lettres, pour
» écrire les vôtres à ma place. » *Ad familiares* VII, 18.
(Note empruntée au *Discours préliminaire* de M. Villemain.)

tiants au magnifique épilogue du sixième livre que Macrobe nous avait conservé. On peut estimer que nous ne possédons guère plus d'un tiers de l'ouvrage de Cicéron.

Les *Lettres à Atticus* nous apprennent que cet ouvrage, pour lequel l'auteur avait une prédilection toute particulière, fut commencé par Cicéron après son retour de l'exil, et publié seulement vers l'an 51. On ne peut guère assigner de date précise à la composition de cet important traité, dont Cicéron paraît avoir conçu le dessein dès l'an 61, quand il gouvernait la république, « *quum gubernacula reipublicæ tenebamus,* » dit-il dans une lettre à Quintus. Entre le premier dessein et l'achèvement de l'œuvre, se placent les tristes enseignements de la disgrâce et de l'exil, et ces misérables vicissitudes des choses politiques, ces jeux cruels des factions dont il nous a présenté un tableau si pathétique et une critique si éloquente à la fin du premier livre. Laissons Cicéron nous expliquer lui-même, dans une lettre à son frère Quintus (1), ce qu'il s'était proposé en entreprenant cette tâche : « qui est, dit-il ailleurs, » importante et difficile, et qui demanderait un grand loisir, la » chose qui me manque le plus (2). » — « Vous me demandez, écrit-il à Quintus, où j'en suis de l'ouvrage que je m'étais mis à écrire pendant mon séjour à Cumes ; je ne l'ai point quitté, et je ne le quitte pas ; mais j'ai plus d'une fois changé tout mon plan et tout l'ordre de mes idées. J'avais achevé deux livres où, prenant pour époque les neuf jours de fêtes, sous le consulat de Tuditanus et d'Aquilius, je plaçais un entretien de Scipion l'Africain avec Lælius, Philus, Manlius, Tubéron, Fannius et Scævola, tous deux gendres de Lælius. L'entretien tout entier, touchant *la meilleure forme de gouvernement et les caractères du vrai citoyen,* se partageait en neuf journées et en neuf livres. Le tissu de l'ouvrage avançait heureusement, et la dignité des personnes donnait du poids au discours. Mais comme on me lisait ces deux premiers livres à Tusculum, en présence de Salluste, il m'avertit qu'il serait possible de traiter une telle matière avec plus d'autorité, si je prenais moi-même la parole, surtout n'étant pas un Héraclite de Pont, mais un consulaire, et l'homme même qui avait pris part dans la République aux plus grandes choses; que tout ce que j'attribuerais à des personnages si anciens paraîtrait fictif; que, dans mes livres où je traitais de l'art de bien dire, si j'avais — et cela même avec grâce — évité pour mon compte la démonstration oratoire, du moins je l'avais mise dans la bouche de personnages que je pouvais avoir vus; qu'Aristote enfin, dans ce qu'il a écrit sur le gouvernement et sur les qualités du grand homme, parle en son nom. Cette remarque me frappa d'autant plus que, par mon plan, je me privais de toucher les plus grands événements de notre patrie, parce qu'ils sont d'une date beaucoup plus rapprochée que le siècle de

____

(1) *Ad familiares,* ⅠⅠ, 14, 16. — *Ad Quintum,* ⅠⅤ, 6.
(2) *Ad Atticum,* ⅠⅤ, 16.—*Ad Quintum,* ⅠⅠ, 14.

mes personnages. A la vérité, c'était précisément cela que j'avais d'abord cherché pour n'avoir pas à craindre, en rencontrant notre époque, de heurter quelqu'un. Mais je veux tout à la fois éviter ce danger, et prendre la forme d'un entretien avec vous. Cependant, si je vais à Rome, je vous enverrai ce que j'avais fait d'abord : car vous jugerez, je crois, que je n'ai pas, sans quelque dépit, abandonné ces premiers livres (1). »

L'ouvrage, réduit à six livres, dédié, soit à son frère Quintus, soit à son ami Atticus, fut publié au moment où Cicéron partait pour son gouvernement de Cilicie. Les lettres de ses amis, et de Cælius en particulier, témoignent du très-grand succès qu'obtinrent tout d'abord ces livres politiques : « *Tui libri politici omnibus vigent.*» (Cælius; *Lettres de Cicéron*, VIII, 3.) La postérité a jugé comme les contemporains, et placé au premier rang des écrits de Cicéron ce beau résumé de la science politique, ce manuel de l'homme d'Etat que recommandent à la fois l'élévation des idées spéculatives, la pénétration de la critique historique, le sens vif et délicat de la réalité et des conditions pratiques de la société.

IV.

L'ouvrage de Cicéron n'est pas, en effet, une de ces brillantes *utopies*, un de ces romans politiques, dont le type, créé par l'imagination de Platon dans sa *République*, a été reproduit tant de fois, avec quelques variantes, par les rêveurs du XVIe siècle comme Th. Morus et Campanella, par les publicistes du XVIIIe et les réformateurs modernes ou contemporains. Cicéron est un politique constamment mêlé aux affaires de son pays, qui sait l'histoire, et qui la fait lui-même. Ce n'est pas un spéculatif construisant en dehors des conditions de la nature humaine, des traditions et des enseignements de l'histoire, des exigences de la vie civile, le modèle d'une cité idéale : cette sorte de mécanique rationnelle où les résistances et les frottements des passions humaines seraient comptés pour rien, où toutes les forces considérées comme purement abstraites seraient soumises à l'inflexible et immuable géométrie de lois également abstraites et idéales; toutes les ambitieuses chimères de l'esprit de système ne sont pas pour séduire la raison *pratique* et éminemment *politique* de Cicéron. Sa belle imagination d'orateur peut être touchée des rêveries Platoniciennes; mais son excellent sens moral, sa science de légiste, ses habitudes de jurisconsulte, son expérience même d'homme d'Etat, expérience lentement acquise, souvent trompée et payée bien cher, retiennent constamment Cicéron dans la triple réalité de la nature, de la vie humaine et de l'histoire. Son livre se place très-loin de *la République* de Platon, entre la *Politique* d'Aristote et l'*Esprit des Lois* de

______

(1) Traduction empruntée au Disc. prélim. de l'édit. de **M. Villemain**.

a.

Montesquieu ; il est plus près de Polybe que de Tacite ou de Machiavel. Dans cet ouvrage, comme dans les autres écrits de Cicéron, il y a plus de science critique que d'originalité véritable, plus d'élévation que de profondeur : c'est l'expression la plus parfaite de la sagesse tempérée ; et ce ne sera pas un médiocre honneur pour Cicéron d'avoir fait à la vertu une aussi belle place dans un traité de *Politique* que dans un traité *des Devoirs*.

« En recueillant, dit M. Villemain, de Cicéron lui-même les fréquents témoignages de complaisance particulière qu'il donne à son *Traité de la République*, on sent que ce livre qu'il aime tant à rappeler, était une sorte de *Testament politique*, où il se flattait d'avoir retracé et fixé pour l'avenir l'image de ce gouvernement auquel il avait dévoué sa vie. »

C'est en effet le souvenir toujours présent de l'état de la république romaine à l'époque de Cicéron, des services éminents qu'il lui rendit, des honorables illusions qu'il subit, des erreurs même et des fautes que le malheur des temps lui fit commettre ; c'est ce souvenir sympathique et ému qui doit commenter pour nous le *Traité de la République*, nous aider à mieux comprendre à la fois et le caractère de Cicéron et celui de sa politique. Cette politique d'honnête homme, passionné pour la gloire et trop amoureux du pouvoir, jaloux de popularité et par suite un peu faible, fut constamment tenue en échec, dans la réalité, par les intrigues ou les violences des factieux de toutes les espèces. Humilié par les uns, persécuté par les autres, trahi et trompé par tous, Cicéron prend sa revanche dans les nobles écrits où il montre non ce qui est, mais ce qui devrait et même pourrait être. Il y a donc aussi un idéal dans ce *Traité de la République* que nous trouvons si pur de toute chimère ; cet idéal, c'est celui de l'homme d'Etat, de tout point accompli, tel que Cicéron lui-même aurait voulu le présenter à la postérité : ce sera, si l'on veut, le portrait très-flatté de lui-même, l'apologie de sa conduite politique, le roman de sa propre vie de citoyen et d'homme d'Etat. C'est de Cicéron surtout qu'on peut dire qu'il est de ces hommes qui valent plus encore par leurs pensées que par leurs actes, par ce qu'ils ont voulu faire que par ce qu'ils ont fait. La dure réalité des choses, et surtout la méchanceté de certains hommes réservent aux belles âmes de cruelles déceptions, d'amères surprises, et souvent d'irréparables défaites ; mais il y a telle de ces défaites qui est *triomphante* à l'égal des plus glorieuses victoires ; et si les misères et les crimes des contemporains de Cicéron ont infligé un triste démenti à ses généreuses et très-raisonnables théories, n'en prenons occasion que d'honorer davantage les caractères et les talents qui ont si bien pensé dans un temps où on agissait si mal, et réservé les droits de la vertu dans l'universelle corruption des esprits et des cœurs.

Dans une page peu connue, que je mettrai d'autant plus volontiers sous les yeux des lecteurs, un critique délicat trace de Cicéron un portrait point du tout *idéalisé* (1), mais équitable, qui fait aimer l'homme et respecter le politique malheureux, et qui a surtout l'avantage pour nous de nous expliquer le politique par l'homme, ces deux personnages, écrivant ou agissant, étant partout chez lui étroitement unis :

« Cicéron, toujours éminent parmi les hommes remarquables qui balancèrent le sort de Rome, joignit à des vertus franches des faiblesses naïves ; ses talents supérieurs, son attachement sincère à sa patrie, ont rendu sa destinée presque indépendante et distincte dans le tourbillon qui entraînait tous les autres. Ses fautes furent la suite de quelques défauts de caractère, de quelques combinaisons sans justesse. Les idées de sa jeunesse avaient reçu l'impression du spectacle funeste dont la tyrannie de Sylla avait blessé ses premiers regards.

» Cicéron avait trop de droiture et de principes pour ne pas se croire obligé à tenir toujours exclusivement pour ce qu'il regardait comme la cause de la république ; il avait toutefois trop d'esprit, trop d'expansion dans l'âme, trop de moyens brillants, pour ne pas s'entendre aisément avec les hommes habiles, quels qu'ils fussent, qui conduisaient tous les partis, et ne pas se prêter avec succès aux circonstances si diverses que leurs efforts opposés faisaient naître. Il n'avait peut-être pas d'ailleurs assez de force dans ses conceptions pour séparer l'*être abstrait* de la république des *êtres effectifs* qui en exerçaient la puissance, et c'est ce qui le conduisit à suivre inutilement Pompée, et à flatter dangereusement Octave...

» Doué de ces talents superbes qui ont besoin de l'harmonie des lois pour paraître avec majesté, Cicéron ne put néanmoins oublier qu'il avait vu mettre en usage des moyens plus ou moins violents, plus ou moins habiles pour conduire et entraîner le peuple. Dès son plus jeune âge, accoutumé à reconnaître dans Rome un arbitre de parti, il écrit souvent que l'*équilibre* ne pouvait plus s'y trouver qu'en balançant l'une par l'autre l'influence de certains hommes.....»

C'est précisément pour donner la théorie de cet *équilibre* des forces politiques et des actions sociales que Cicéron écrivit le *De Republica*. Cette théorie célèbre, il nous faut au moins l'expliquer en quelques mots par l'analyse rapide du livre de Cicéron, tel qu'il est parvenu jusqu'à nous.

V.

On peut affirmer que l'objet même du *Traité de la République* est de présenter, par des faits et des exemples empruntés à l'histoire des différents peuples, particulièrement à l'histoire de Rome, autant que par l'autorité des principes et la force démonstrative des raisonnements, l'apologie d'une certaine constitution parfaite.

(1) **Madame de Chastenay.**

reposant sur l'équilibre et la pondération des pouvoirs : constitution qui aurait été celle de Rome, à une époque dont Cicéron aurait quelque embarras à déterminer précisément la date. Ce système de gouvernement *mixte et tempéré*, où nous retrouvons l'équilibre savant, mais quelque peu artificiel, de notre forme *constitutionnelle* moderne, est la vraie doctrine politique de Cicéron. Ami des lois et de la liberté, mais détestant les violences et les témérités du gouvernement populaire qu'il appelle souvent « *le pire des états*; » très-attaché aux traditions de dignité et de vertu patriciennes qu'il croyait toujours vivantes dans un sénat déjà bien dégénéré, mais, en sa qualité d'homme nouveau et de chevalier romain, aussi éloigné des vengeances aristocratiques de Sylla que des fureurs démagogiques de Marius, Cicéron, s'il n'eût pas été Romain, se serait, je crois, accommodé de la forme monarchique, sous un roi juste. Mais redoutant également les excès du despotisme d'un seul et de la tyrannie populaire, il cherche à concilier toutes les contradictions, toutes les *antinomies* politiques, et à sauvegarder l'ordre et la liberté par une constitution éclectique, où tous les principes logiques comme tous les pouvoirs naturels soient également représentés. L'excellence de ce gouvernement vraiment *représentatif* doit ressortir de l'analyse et de la critique des constitutions *simples*, c'est-à-dire exclusivement monarchiques, aristocratiques ou populaires.

Le premier livre de *la République* est consacré à la discussion de ces différentes formes de gouvernement (1), et des principaux éléments de la constitution des peuples : « C'est, dit M. Lorquet dans l'excellente *Introduction* qui sert de préface à sa traduction, un entretien purement théorique, dont le but est d'établir les vrais principes de toute politique, en dehors des applications et un peu dans le monde idéal, comme avait fait Platon, mais avec un sentiment bien plus vif de la réalité, et un bon sens pratique qui perce jusque dans cette métaphysique politique. » Ces principes une fois posés, Cicéron, par la bouche de Scipion, soumet à une critique sévère et pénétrante les trois formes de gouvernement ou de constitution : monarchie, aristocratie, démocratie, qui doivent maintenir le lien social et garantir la société civile et politique. En avouant sa préférence pour la royauté et sa vive antipathie pour la démocratie, l'auteur reconnaît que chacune de ces trois formes *simples*, prise isolément, serait bonne, si l'institution primitive de la cité pouvait se maintenir, c'est-à-dire, si les constitutions monarchiques, aristocratiques ou populaires ne dégénéraient inévitablement en leurs excès ou leurs contraires : privées de frein, exemptes de contrôle, elles aboutissent à la tyrannie ou à la licence : despotisme d'un seul, despotisme d'une faction jalouse, despotisme anarchique de la multitude, abus ou mépris de l'autorité fondée sur la justice,

(1) Pour l'analyse détaillée des six livres de la République voir les *Arguments* que nous avons placés en tête de chacun d'eux.

voilà la pente fatale où glissent tous les Etats. A ce mal, Cicéron ne voit qu'un remède : l'harmonie des trois éléments, monarchique, aristocratique et populaire, c'est-à-dire la *pondération et la division des pouvoirs*. Tous seront représentés dans la cité ; chacun d'eux, limité par les deux autres, devra rester dans ses attributions. C'est le seul moyen d'échapper à cet éternel cercle vicieux qui partout, inexorablement, fait succéder la tyrannie à la licence et à un excès de liberté, à l'anarchie, un excès d'autorité ou de despotisme : *cycle* fatal qui semble comme une loi de l'histoire.

On voit par cette analyse sommaire que la théorie de l'équilibre et de la division des pouvoirs, telle que s'efforce de la réaliser le mécanisme de nos gouvernements *constitutionnels* ou *représentatifs*, n'est pas précisément nouvelle. Le pouvoir *exécutif*, qui doit être aussi peu partagé que possible, concentré de préférence dans une seule main, représente la part de la souveraineté monarchique ou de la royauté ; on peut dire que le pouvoir *législatif* représente l'élément démocratique, en ce sens que c'est à tous les membres de l'association civile, également intéressés, qu'il paraît appartenir de faire, directement ou par délégation, les lois qui, instituées pour l'intérêt général et commun, obligent, protégent et dominent tous les *associés*, c'est-à-dire tous les citoyens : les lois sont les vraies *souveraines* de la cité. L'exercice du pouvoir *judiciaire* est comme la fonction propre de l'élite intellectuelle et morale de la nation, et représenterait assez bien, dans la théorie de Cicéron, la part naturelle de l'aristocratie, soit de naissance, soit de talent, soit de fortune. En résumé, l'esprit de tous ou du plus grand nombre pour voter la loi ; la sagesse prudente de quelques-uns pour l'appliquer ; le bras et la tête d'un seul pour la faire exécuter et respecter : tel est, ce nous semble, l'idéal de Cicéron.

Nous n'avons pas à juger cet éclectisme politique, ou plutôt nous ne pouvons que souscrire au jugement de Tacite qui implique à la fois le plus bel éloge et la plus sage critique de cette combinaison des pouvoirs déjà proposée par Platon (*De Legibus*, par Aristote (*Politique*) et recommandée par Polybe (livre VI). « Toutes les nations et toutes les cités, dit Tacite (1), sont gouvernées par le peuple (*démocratie*) ou par les principaux citoyens (*aristocratie, oligarchie*) ou par un seul homme (*royauté, tyrannie monarchique*). Quant à une forme de gouvernement qui résulterait de la combinaison méthodique et du juste tempérament de ces trois constitutions élémentaires et simples, il est plus facile de la louer en théorie que de la réaliser dans la pratique ; ou si, par fortune, elle se réalise, elle ne saurait longtemps subsister. » Nous ajouterons, pour corriger cet arrêt de l'historien philosophe, deux considérations sur lesquelles nous appelons la réflexion de nos jeunes politiques de philosophie ; d'abord, quoique les analogies entre la

(1) « Cunctas nationes et urbes populus aut primores aut singuli regunt. Delecta ex iis et consociata reipublicæ forma laudari facilius quam evenire, aut, si evenit, haud diuturna esse potest. » *Annales*, IV, 55.—Voir la page 47 de notre traduction.

théorie de Cicéron et notre régime ou mécanisme constitutionnel soient sensibles, nombreuses aussi et essentielles sont les différences, et nous renvoyons sur ce point les lecteurs à l'*Esprit des Lois* de Montesquieu, et à la merveilleuse analyse de la Constitution anglaise. En second lieu, il faut avouer que ce *régime tempéré*, qui ne saurait d'ailleurs, non plus qu'aucune institution humaine, être *parfait* 1), est pourtant celui qu'ont préféré et que pratiquent les nations les plus civilisées de l'Europe ; elles y voient un immense progrès sur les anciennes constitutions *absolues* : elles y trouvent une garantie efficace pour le maintien de l'ordre et de la liberté, comme pour le développement des facultés de chacun, et l'exercice des droits individuels ; les misères mêmes et les cruelles épreuves des révolutions, loin de les décourager de ce système, le leur ont rendu plus cher ou plus désirable.

Ces considérations générales qui font le principal intérêt et la singulière originalité du *premier livre*, sont comme la métaphysique de la science abstraite. Cicéron se hâte de descendre de ces hauteurs spéculatives, et de justifier sa théorie par un exemple qu'il cherche et croit trouver tout près de lui dans les constitutions politiques de son pays. Le *second livre* contient une histoire critique des origines, des développements et des progrès successifs de la constitution romaine, une analyse ingénieuse du caractère général et de l'esprit de cette constitution. On peut dire que Cicéron en écrit à la fois le panégyrique et l'oraison funèbre, la *chose publique*, telle que Scipion et Lælius nous la représentent, ayant cessé d'exister dès le temps des Gracques. Quoi qu'il en soit, le mérite particulier de cette constitution est, aux yeux de Cicéron, de n'être pas sortie toute faite du cerveau d'un seul législateur, mais d'avoir été, depuis Romulus jusqu'aux Décemvirs et même au delà, mûrie, développée, perfectionnée par le travail de plusieurs générations et par un grand nombre d'excellents esprits : c'est l'œuvre collective du génie, de l'expérience et du temps. Les constitutions improvisées par la nécessité ou par l'imagination spéculative d'un grand homme, sont des constructions artificielles et ruineuses, qui tombent avec les circonstances qui les ont produites, ou périssent avec celui qui les avait créées. L'institution romaine au contraire, lentement et patiemment élaborée, s'était pour ainsi dire tenue chaque jour au courant et mise au niveau des besoins du temps et des progrès de la science morale et politique. Elle

<hr>

(1) « Rien de plus facile, dit M. Janet, que de séparer les pouvoirs; la vraie question, c'est de les unir et de les faire marcher d'accord. Entre la monarchie et le despotisme, il faut un milieu, et ce milieu n'est pas plus aisé à découvrir en politique qu'en métaphysique. « D'ailleurs, remarque M. Guizot, « le gouvernement représentatif n'a point un type unique et un seul bon, d'après lequel il doive être partout et nécessairement institué. La Providence qui fait aux nations des origines et des destinées diverses, ouvre aussi à la justice et à la liberté plus d'une voie pour entrer dans les gouvernements, et ce serait réduire follement leurs chances de succès que les condamner à se produire toujours sous les mêmes traits et par les mêmes moyens. » (Guizot : *Préface de l'histoire des origines du gouvernement représentatif.*)

semblait donc offrir à Cicéron un modèle achevé, et comme une application sensible de ses théories abstraites sur l'équilibre et l'harmonie de toutes les forces vives d'une grande nation. Je crains fort que cette perfection de la constitution romaine n'ait jamais existé que dans l'imagination complaisante de Cicéron ; mais il était permis de se consoler de la ruine ou de la confusion de tous les pouvoirs publics, en cherchant dans le passé l'idéal que le présent ne fournissait plus, et ces illusions généreuses peuvent du moins expliquer certaines fautes politiques de cet homme d'État qui fut une des plus nobles victimes de ses erreurs.

Si le plus honnête politique de cette époque violente et démoralisée avait besoin d'une excuse, le *troisième* livre de *la République* la lui fournirait. Celui qui devait écrire dans l'admirable traité *des Devoirs* son testament philosophique, avait cherché dans ce troisième livre à unir étroitement la politique et la morale : entreprise courageuse et que nous ne tenons nullement pour chimérique. Les sophistes, dont Carnéade s'était fait à Rome le sceptique interprète, affirmaient « qu'il n'y a point de gouvernement sans injustice. » Cicéron, après avoir reproduit leurs arguments, avait confié à Lœlius le soin et l'honneur de les réfuter, et sa conclusion était que hors de la justice et du respect des droits naturels, il n'y a point de salut pour les États, quelle que soit d'ailleurs leur constitution. Cette apologie du juste, cette revendication éloquente des droits de l'éternelle et immuable justice, étaient dignes d'un disciple de Platon : jamais on n'a flétri plus énergiquement dans l'antiquité la fausse et honteuse *morale du succès*, ni mieux démontré que la *reine du monde* ce n'est ni la force ni l'opinion, mais la justice. Et encore n'avons-nous de ce magnifique plaidoyer qu'un écho affaibli, répété et transmis jusqu'à nous par les plus sévères docteurs de la morale chrétienne, qui pourraient dire ici de Cicéron comme de Sénèque : c'est un des nôtres, *parne noster est*.

Beaucoup plus incertaines sont les conjectures que nous pourrons faire sur les matières de discussion et de doctrine qui remplissaient le *quatrième et le cinquième livre*. Nous renvoyons à nos *Arguments* (pages 116 et 124 de cette traduction, et surtout aux ingénieuses *reconstructions* de M. Villemain. On peut seulement affirmer que dans le *quatrième livre*, Cicéron parlait des moyens de conserver et de fortifier les mœurs publiques, de la constitution de la famille et des meilleures méthodes d'éducation, — et qu'il retraçait dans le *cinquième*, les vertus antiques et les fortes institutions des vieux Romains, en s'appliquant à dégager de cette analyse les règles du gouvernement et les devoirs essentiels, les mérites et les talents du *véritable homme d'État*.

Du *sixième livre* nous n'avons que l'épilogue, le *Songe de Scipion*, qui tient ici la place d'un de ces beaux mythes que Platon se plaisait à introduire dans ses ouvrages. Cicéron quitte la terre pour le ciel, et, sous le voile transparent d'une poétique allégorie, nous entretient des récompenses réservées par la divinité à ceux qui ici-bas, dans les épreuves de cette vie mortelle, ont bien mérité de leur pays. Il ramène ainsi les grands hommes dans leur véritable patrie, et leur montre le néant de la gloire humaine, et de cette « triste immortalité que nous accordons aux héros. » Au-dessus de ces choses qui passent, au-dessus de cette vie qui n'est que l'ombre de la vie véritable, par delà les limites étroites où la gloire humaine est renfermée dans le temps et l'espace, il y a pour les grandes âmes la seule récompense digne de leur vertu : la vie divine qui ne finira point. C'est la *Cité de Dieu*, ouverte à ceux qui ont dévoué leur effort à l'amélioration de la cité terrestre et humaine. — Telles sont les religieuses espérances qui servent de conclusion au *Traité de la République*.

VI.

Un mot sur la traduction nouvelle que nous présentons au public de nos écoles. Nous n'avions nullement la prétention d'atteindre à la magnifique ampleur du style de M. Villemain, qui se déploie avec une liberté si heureuse dans la première traduction qui ait été donnée en français du *De Republica* : l'éloquent interprète du manuscrit élucidé par le savant commentaire d'Angelo Mai laissait bien peu à faire à ceux qui devaient s'essayer à marcher sur ses traces : la dignité oratoire, la force dialectique, l'esprit et l'élégance qui distinguent cette interprétation *si française*, prouvent qu'une traduction peut être une œuvre originale, et l'on peut dire que M. Villemain a *découvert* aussi à sa façon le texte de Cicéron, en le rendant si vivant encore pour nos contemporains ; il leur donnait en même temps un modèle de traduction et une leçon de politique. Grâce à lui, les partisans du régime constitutionnel, l'auteur de la *Monarchie selon la Charte*, tous les publicistes qui cherchaient à réconcilier le pouvoir et la liberté, purent se flatter de compter dans Cicéron un allié de plus. Dans notre édition toute *classique*, nous ne devions ni ne pouvions faire œuvre d'érudit, ni produire une profession de foi ou un manifeste politiques ; il suffit que tous les principes défendus, et, si j'ose ainsi dire, *plaidés* par Cicéron, soient tels que tous les gouvernements puissent s'honorer de les avouer, de les maintenir, de les inscrire en tête de leurs constitutions. D'autre part, la traduction si précise et si ferme de M. Lorquet ne laissait rien à désirer aux plus délicats et aux plus difficiles en matière d'interprétation. Nous avons dû nous estimer heureux de puiser largement aux sources si abondantes de l'érudition et de la critique historique et philosophique, et de profiter des excellents travaux de nos devanciers. Notre seule et très-modeste ambition a été de faire une traduction *à l'usage des élèves de philosophie*, c'est-à-dire de mettre l'esprit même et le ton de notre traduction, tout autant que nos commentaires et nos notes, en rapport avec le double caractère, à la fois critique et dogmatique, de l'enseignement de nos lycées. Quoi qu'en disent les politiques d'aventure et d'expédient, les Machiavel de troisième ordre, les Richelieu de contrebande, les Gorgias modernes, sophistes utilitaires et positivistes qui prétendent mettre à la réforme les idées et les sentiments imprescriptibles de l'âme humaine, il n'y a que deux fondements solides de la science politique, civile et sociale ; et ces bases éternelles sont *l'histoire et la morale*, je veux dire l'observation critique ou l'analyse comparée des faits, et la définition rigoureuse des principes. — Tous nos *éclaircissements* ont pour objet de montrer le rapport ou la conciliation *du droit et du fait*, en sacrifiant, quand il le faut, le fait variable et contingent à la notion éternelle, immuable et nécessaire du droit et du juste. En d'autres termes, notre travail sur la *politique* de Cicéron n'est qu'un commentaire des principes que nous avons posés dans la partie psychologique et morale de nos *Résumés d'un cours de philosophie*. Nous avons appelé Cicéron au secours de la morale spiritualiste et de la politique honnête ; ce sera notre meilleure excuse ou notre seule défense pour l'avoir trop souvent traduit en style moderne, et fait parler Lælius ou Scipion en *parlementaires*. De cette façon du moins la *politique* de Cicéron aura plus facilement droit de cité dans nos classes, et à tous les mérites littéraires et philosophiques du *De Republica* s'ajoutera celui de *l'actualité*. Nos élèves retrouveront tout ensemble les principes de philosophie morale si chers aux disciples de Socrate et de Platon, les fières maximes du Portique et les plus nobles enseignements de la doctrine spiritualiste moderne, fille du christianisme et de la liberté.

Nous croirons avoir expliqué et fait excuser les faiblesses de notre traduction, en citant ici une page exquise d'un de nos meilleurs critiques qui fait ressortir avec une singulière finesse les vertus de l'œuvre originale, et les inévitables insuffisances de cette espèce de contrefaçon savante qui s'appelle une traduction. «Quand on se laisse simplement entraîner par la lecture, dit M. de Sacy (1), parlant de Cicéron, c'est une musique délicieuse qui vous flatte ; l'esprit sent la justesse des accords sans se rendre un compte exact de son plaisir, et ne fait qu'apercevoir indistinctement une nuance délicate de la pensée sous chacune des expressions dont la phrase s'embellit. Quand il faut traduire et trouver en français le mot propre pour répondre au mot latin, alors cette richesse et cette facilité apparente deviennent la torture du traducteur. Rien n'est si aisé que de traduire Cicéron, si l'on se contente d'exprimer en gros le sens de la phrase : Cicéron n'est pas seulement le plus clair, il est le plus lumineux des écrivains ; rien n'est si difficile, si l'on veut pénétrer dans les nuances, saisir ce rayon fugitif qui brille en passant dans chaque expression, ne jamais prendre pour synonymes ces mots qui ne complètent l'harmonie de la période qu'en représentant toutes les faces de la pensée. »

(1) De Sacy : *Variétés littéraires, morales et historiques.*

Il est inutile d'ajouter que nous avons dû nous résigner à rester beaucoup au-dessous de cet idéal : nous n'aurons pourtant point perdu entièrement notre peine, si nous avons mis nos élèves en état de lire facilement et avec quelque profit un des plus beaux monuments de la vertu et de la science antique, en sorte qu'après deux mille ans l'auteur du *De Republica*, du *De Legibus* et du *De Officiis* puisse encore contribuer à l'éducation morale et politique de notre pays.

Cl. GINDRE DE MANCY.

INDICATION

*Des parties les plus remarquables ou les plus complètes du Traité
de la République* (1).

LIVRE PREMIER.

Éloge de la vie politique : Chap. ii, iii, iv, v, vi, vii. — Dignité de la science spéculative et désintéressée : Chap. xvii.
— Des diverses formes de l'État et des trois principales espèces de gouvernement : Chap. xxiv, xxv. — Avantages et inconvénients de ces trois formes : Chap. xxvi, xxvii, xxviii, et xlii, xliii, xliv. — Éloge de la démocratie : Chap. xxxii, xxxiii. — De l'aristocratie : Chap. xxxiv.—De la monarchie : Chap. xxxviii, xxxix, xl. — Du meilleur gouvernement ou gouvernement mixte et tempéré : Chap. xlv, xlvi.

LIVRE SECOND.

Politique tirée de l'histoire romaine. — Analyse des institutions de Rome et particulièrement des institutions royales : Chap. iii, iv. [Remarquer surtout ces chap. iii et iv sur les inconvénients *des cités maritimes.*] Chap. xi, xiv, xx, xxi, xxii. [Analyse critique de la constitution de Servius Tullius.] Chap. xxv, xxvi, xxvii. — Des devoirs de l'homme d'État. (Cette partie *morale* a presque entièrement péri.)

LIVRE TROISIÈME.

Nouvel éloge de la politique et de la science pratique : Chap. iii. — Paradoxe en faveur de l'injustice (Argumentation de Philus). Chap. viii, ix, x, xi, xii, xiv, xvi, xvii, xviii. — Réplique de Lœlius en faveur de la justice : Chap. xxii. — Des vrais fondements du droit de la société et de l'État : Chap. xxxi, xxxiii.

LIVRE QUATRIÈME.

Ne contient que des fragments très-incohérents.

1. Ces morceaux doivent être étudiés par les élèves de la classe de Philosophie, le *De Republica* faisant partie de leur programme.

LIVRE CINQUIÈME.

Même observation que pour le livre quatrième.

LIVRE SIXIÈME.

Lire ou expliquer en entier le *Songe de Scipion*; remarquer surtout les chapitres de haute métaphysique morale : Chap. ix, x, xi; les réflexions sur la vanité de la gloire humaine : Chap. xv, xvi, xvii, xviii, et sur les récompenses promises aux grandes âmes : Chap. xix, xxi.

CICÉRON

DE LA RÉPUBLIQUE

LIVRE PREMIER.

I. Éloge de la vie politique. — C'est à tort que les épicuriens soutiennent que le sage ne doit point se mêler des affaires publiques : le droit et le devoir du sage est de se dévouer aux intérêts de l'État. Exemples des grands hommes de Rome. — Dussions-nous être exposés à l'ingratitude de nos concitoyens, nous devons nous rappeler que nous ne sommes pas nés pour nous-mêmes, mais pour rapporter tout l'effort de notre activité aux intérêts de notre patrie. — Il faut au besoin pouvoir tenir tête aux entreprises des citoyens corrompus, et déjouer leurs coupables intrigues : il est donc utile de se préparer à ces fonctions vraiment *civiles* en étudiant les maximes ou les ouvrages de ceux qui ont écrit sur la *chose publique*.

II. Cicéron n'imitera pas l'exemple de Platon qui a construit une cité idéale, une république imaginaire : il rapportera l'entretien qu'eurent à ce sujet Scipion, le second Africain; Tubéron, son neveu, L. Furius, P. Rutilius, Lælius, Mummius, Fannius et Scævola. — La conversation s'engage d'abord sur un phénomène de parhélie qui avait vivement frappé l'imagination des interlocuteurs. Après une assez longue digression, Lælius invite ses amis à porter leur curiosité sur de plus dignes objets, d'un intérêt plus pressant; il faut rechercher non pourquoi il y a deux soleils dans le ciel, mais comment on voit dans la république deux sénats et deux peuples. Il prie Scipion d'exposer ses vues sur la meilleure forme de gouvernement.

III. Définition de la chose publique ou de l'État : c'est la *chose du peuple*, et le peuple est une *association* régulière qui repose sur des droits et des intérêts communs. — L'homme en effet est un être éminemment *sociable*, né pour la société. — Cette société ne saurait subsister sans un *pouvoir public* qui la maintient. — Trois espèces de pouvoirs simples : la *monarchie*, l'*oligarchie*, la *démocratie*. — Chacun de ces pouvoirs, pris isolément, doit *dégénérer*, la monarchie en tyrannie, l'oligarchie en despotisme, la démocratie en anarchie. — Le pire des gouvernements est le gouvernement populaire, mais les trois formes de gouvernement présentent d'inévitables inconvénients. — Scipion se fait d'abord l'interprète complaisant des partisans de la démocratie et de l'aristocratie; il reconnaît la supériorité du gouvernement monarchique; il en présente même une sorte d'apologie *psychologique* : les divers ordres de citoyens doivent se soumettre à une volonté, comme les passions et les diverses facultés de l'âme doivent obéir à la raison. Mais le roi devient facilement un tyran, et quand on le renverse, ou le despotisme oligarchique prend la place du despotisme d'un seul, ou les excès de la multitude triomphante ramènent infailliblement la tyrannie : c'est un cercle vicieux inexorable.

IV. Il faut chercher ailleurs le modèle d'une constitution parfaite : théorie de l'équilibre et de la pondération des pouvoirs; éloge d'une constitution *mixte* où tous les pouvoirs sont tempérés les uns par les autres. — Scipion en trouve la réalisation la plus exacte dans la république romaine, dont la constitution, savamment équilibrée, garantit à la fois l'égalité et la liberté dans d'équitables proportions pour les citoyens, et la stabilité pour les institutions et pour l'État. — Lœlius invite Scipion à expliquer le mécanisme de cette constitution.

[Les premières lignes du chapitre manquent au manuscrit.]

I.... Supprimez ce dévouement du citoyen aux intérêts de son pays, C. Duillius, Aulus Attilius Régulus, L. Metellus n'auraient jamais délivré Rome de la terreur de Carthage, les deux Scipions n'auraient point éteint dans leur sang l'incendie de la seconde guerre Punique, à son début; et, quand il se ralluma avec de nouvelles forces, Q. Max. Fabius ne l'eût point affaibli par ses sages lenteurs; Marcellus ne l'eût point terrassé; Scipion, l'arrachant des portes de Rome, ne l'eût point refoulé dans les murs mêmes de nos ennemis[1]. Et M. Caton[2], ce modèle achevé du mérite

---

1. Cicéron, dans les pages perdues de ce prologue, réfutait sans doute la maxime des épicuriens : *Sapiens ne accedat ad rempublicam*. Les pythagoriciens, et, parmi les disciples d'Aristote, Théophraste, avaient donné l'avantage à la vie contemplative sur l'activité politique. Cicéron, homme d'État encore plus que philosophe, devait invoquer contre cette morale d'abstention les beaux exemples de dévouement à la chose publique donnés par Camille, Duillius, etc. — *Duilius Nepos*, consul en 260, détruisit la flotte carthaginoise. — *Aulus Attilius* remporta des succès en Italie et en Sicile (260 et 266) sur les Carthaginois. — *L. Cæcilius Metellus*, le vainqueur de Panorme. — Les deux Scipions, *Cnéius Cornélius et P. Cornélius*, tués en Espagne dans la seconde guerre punique. — *Q. Maximus*, Quintus Fabius, surnommé *Cunctator*. — *M. Marcellus*, qui s'empara de Syracuse. — *P. Africanus*, consul en 205, le premier Africain, vainqueur à Zama.

2. M. Caton, le censeur, souvent cité par Cicéron comme le représentant le plus achevé des vieilles vertus romai-

civil et de la vertu politique que nous tenons à honneur d'imiter, nous tous qui nous appliquons au même effort, ne lui était-il pas permis, à lui homme nouveau et inconnu d'abord, de se renfermer dans une retraite agréable, à Tusculum, aux portes de Rome. Eh bien ! cet homme que certains philosophes qualifieront sans doute d'insensé [1], aima mieux, sans que rien l'y forçât, rester jusqu'à l'extrême vieillesse battu par tous les orages de la vie publique, et tenir tête à tous leurs assauts, que de passer sa vie dans cet agréable et tranquille loisir. Je ne parle pas de cette foule innombrable d'hommes éminents qui ont contribué, chacun de leur côté, au salut de notre république ; je laisse de côté ceux qui sont presque nos contemporains, de peur que quelqu'un ne m'accuse de l'oublier lui-même ou tel membre illustre de sa famille. Il n'y a qu'un point que je tienne à établir : la nature a donné à l'homme un si grand besoin de vertu, une passion si forte pour la défense des intérêts communs, que cette puissance de dévouement triomphe en lui de toutes les séductions du plaisir et du repos [2].

La vertu est un *art*, mais un art qui vaut surtout par *l'action*. Il n'y a pas de meilleur emploi de la vertu que de la consacrer au gouvernement de l'État. Comparaison des philosophes et des législateurs, de la science abstraite et de la science appliquée.

II. Or, la vertu n'est pas un art qu'il suffise de posséder sans le mettre en pratique [3]. On peut savoir à fond les principes

---

nes, et le défenseur des mœurs et des institutions des ancêtres : *Mores institutaque majorum.* — Montesquieu met au premier rang, parmi les causes morales de la grandeur des Romains : l'amour de la patrie et de la liberté.

1. *Ironie*; ce sont les philosophes qui conseillent au sage de ne pas compromettre son repos ou sa vertu dans les orages, *undis et tempestatibus*, des affaires publiques. Lucrèce a exprimé, en de beaux vers, cette égoïste *apathie* ou *ataraxie* du sage, contre laquelle Cicéron proteste avec tant de raison :

« Suave, mari magno turbantibus æquo-
[ra ventis,
E terra magnum alterius spectare labo-
[rem ;
. . . .

Sed nil dulcius est, bene quam munita
[tenere,
Edita doctrina, sapientum templa serena
Respicere unde queas alios passimque
[videre
Errare, atque viam palanties quærere
[vitæ. »
(LUCRÈCE, livre II, 1, 13.)

2. Ces mots expriment avec précision une idée psychologique et morale très-vraie, : L'homme a *le besoin* de la vertu, et *l'instinct* même du dévouement et du sacrifice.

3. Aristote fait aussi consister la vertu principalement dans l'action ; les stoïciens définissent la vertu : *bene vivendi ars.*
(*Conf.* ST AUG., *De civ. Dei*, IX, 4.

théoriques d'un art, et en avoir, pour ainsi dire, la science, sans l'appliquer à quelque objet; mais la vertu est tout entière dans l'usage qu'on fait d'elle-même[1]; et l'application la plus noble qu'on en puisse faire, c'est le gouvernement d'une cité, et la mise en pratique de ces préceptes[2] dont les philosophes font retentir leurs écoles : il faut des actes enfin et non des mots. En effet, il n'est pas une maxime honnête et sage prêchée par les philosophes qui n'ait été découverte et confirmée par ceux qui ont donné des lois aux cités. D'où nous viennent donc la piété? le culte des Dieux? et le droit des gens, et ce droit qu'on appelle droit civil? d'où nous viennent la justice, le respect de la foi jurée, l'équité? le sentiment de la pudeur, la continence, la crainte de la honte, le désir de la gloire et l'amour de l'honneur, le courage dans les épreuves et dans les périls[3]? De ces hommes qui après avoir développé le germe de ces vertus par l'éducation, ont fait passer les unes dans les mœurs, et consacré les autres par des lois écrites. On demandait, dit-on, à Xénocrate, un illustre philosophe[4], ce que gagnaient ses disciples à suivre ses leçons : « ils y gagnent, répondit-il, de faire volontairement et par un libre choix ce que les lois les forceraient à faire[4]. »

1. Un art, lors même que vous ne l'appliquez pas, vous appartient par la théorie; mais la vertu n'est rien, si elle n'est active. » (Trad. de M. Villemain.) Aristote, dans sa *Politique* et dans la *Morale à Nicomaque*, exige les mêmes conditions de la vertu. La vie d'un homme doit être essentiellement active et politique : πρακτικόν ἀνδρὸς εἶναι βίον καὶ πολιτικόν.

2. C'est l'opinion générale des philosophes anciens : voir la *République*, de Platon, les *Morales* et la *Politique*, d'Aristote. Les stoïciens, cependant, se sont surtout attachés à déterminer les devoirs de la morale individuelle; voir, en particulier, Sénèque, Épictète et Marc-Aurèle.

3. Toute cette théorie est inexacte. Ni la piété, ni la religion, ni les principes naturels du droit, ni la justice, ni la bonne foi, ni le sentiment de l'honneur, ne viennent du législateur. Il y a des lois naturelles antérieures et supérieures aux lois positives. Cicéron le reconnaît ailleurs (*De Rep.*, III, 18). « Avant qu'il y eût des lois faites, dit Montesquieu, il y avait des rapports de justice possibles. Dire qu'il n'y a rien de juste ni d'injuste que ce qu'ordonnent ou défendent les lois positives, c'est dire qu'avant qu'on eût tracé de cercle, tous les rayons n'étaient pas égaux. » La loi morale n'est instituée ni par l'autorité d'un législateur, ni par un contrat social ou convention primitive. C'est l'erreur de Hobbes et de beaucoup de philosophes du XVIIIe siècle ; leurs raisonnements impliquent une pétition de principe, comme ceux des moralistes qui font de la vertu une affaire d'éducation et d'habitude. Il faut toujours en venir aux premières notions du bien et de l'obligation morale, déposées par Dieu dans nos âmes. (Cf. Liv. I, chap. 25 et 26.)

4. XÉNOCRATE, disciple et successeur de Platon à l'Académie, pythagorique et platonicien.

Aussi le citoyen qui par l'autorité et la sanction des lois, contraint tout un peuple à faire les mêmes choses que les conseils des philosophes réussissent tout au plus à persuader à un petit nombre de sages, est préférable aux docteurs qui n'ont que des discours au service de ces principes. Quelle exhortation si parfaite pourrait valoir la sage constitution d'une cité, où sont également bien ordonnés le droit et les mœurs publiques[1]. De même que je préfère aux bourgades et aux châteaux forts, ces grandes cités, ces villes *faites pour l'empire*, comme les appelle Ennius, de même les hommes qui commandent à ces villes par la science et l'autorité politique, l'emportent, ce me semble, en sagesse sur ceux qui restent en dehors de toute affaire publique[2]. Et puisque nous nous sentons dominés par le besoin d'accroître la fortune du genre humain, que nos pensées et nos travaux n'ont pas d'autre fin que d'assurer et d'améliorer incessamment les conditions de la vie, et que l'aiguillon de la nature même fait pour nous de cet effort un plaisir, suivons la route qu'ont suivie avant nous les meilleurs d'entre les hommes ; n'écoutons point les esprits timorés qui sonnent la retraite pour rappeler ceux qui ont déjà fait tant de pas en avant[3].

Réponses aux diverses objections de ceux qui défendent au sage de se mêler des affaires publiques. — Exemples donnés par les sages eux-mêmes.

III. A ces raisons si fortes et si nettes nos adversaires opposent toutes les fatigues qu'il faut affronter en défendant son pays : c'est là assurément un faible obstacle pour un homme vigilant et actif, une considération mépri-

---

1. Sans doute : mais que peuvent à leur tour les lois sans les mœurs : *quid prosunt leges sine moribus ?* Ce sont les bonnes mœurs qui garantissent le respect des lois. La justice est indépendante de l'homme, ce n'est pas sa volonté qui la crée, et la loi ne peut ni changer ni remplacer cette justice éternelle et *naturelle*. — Voir Xénophon dans les *Mémoires sur Socrate*, et Platon, *Gorgias*, et maint endroit de ses livres.

2. Accroître l'héritage du genre humain, les ressources intellectuelles et morales : ces idées sont nouvelles au temps de Cicéron, et il faut lui en rapporter l'honneur, comme de cette belle expression toute chrétienne : *caritas generis humani* ; et *humanitas* dans le sens d'humanité. Voir : *De officiis*, III.

3. C'est l'idée du progrès de l'esprit humain, ingénieusement exprimée. Comparer Pascal : *de l'Autorité des anciens :* « Toute la suite des hommes, pendant le cours de tant de siècles, doit être considérée comme un même homme qui subsiste toujours et qui apprend continuellement. »

sable non-seulement quand il s'agit de si grands intérêts, mais même dans l'accomplissement de biens ou de devoirs moins sérieux, dans la poursuite d'intérêts plus médiocres. On ajoute tous les périls qui menacent la vie; et à des hommes courageux on oppose cette crainte de la mort dont ils rougiraient, puisque de tels hommes regardent comme un plus grand malheur d'être lentement consumés par la vieillesse, et de mourir à l'heure marquée par la nature, que de trouver une glorieuse occasion de sacrifier à leur pays une vie qu'il fallait bien toujours rendre à cette nature inexorable[1]. Mais il est un point sur lequel nos contradicteurs croient leurs arguments pressants et leur éloquence triomphante : c'est quand ils énumèrent complaisamment les infortunes des grands hommes, et toutes les injustices dont l'ingratitude de leurs concitoyens les a souvent abreuvés. Là se retrouvent ces tristes exemples empruntés aux Grecs : c'est Miltiade, le vainqueur des Perses écrasés par lui, tout saignant encore des blessures qu'il avait reçues en face en un jour de glorieuse victoire[2] et trouvant dans les prisons d'Athènes la mort que ne lui avaient pas donnée les glaives ennemis. C'est Thémistocle chassé comme un ennemi de la patrie dont il est le sauveur, réduit à chercher un refuge non dans les ports de la Grèce qu'il a délivrés des barbares, mais sur ces rivages mêmes de la puissance barbare abattue par lui. Les exemples de l'inconstance des Athéniens et de leur cruauté envers leurs plus illustres citoyens sont innombrables; et Rome même, cette grave cité, a subi la contagion de cette ingratitude qui semble le vice originel et favori des Athéniens : on rappelle alors ou l'exil de Camille, ou la disgrâce d'Ahala, ou la haine qui poursuivit Nasica; que sais-je encore? la proscription de Lœnas[3], la condamnation d'Opimius,

---

1. La nature, c'est le *grand tout*, τὸ πᾶν, d'où toutes les choses viennent et où toutes reviennent. Beaucoup de philosophes anciens et modernes ne se sont pas élevés au-dessus de cette conception panthéistique et fataliste de l'univers, de l'âme et de Dieu.

2. Au siège de Paros : il ne s'agit pas de Marathon.

3. CAMILLE qui, après la prise de Véies, s'exila lui-même de Rome. — Servilius Ahala, maître de la cavalerie, exilé pour avoir tué Sp. Mælius. — L'impopularité de Scipion Nasica, après le meurtre de Tibér. Gracchus.— Popilius Lœnas, exilé pour avoir combattu les menées de C. Gracchus.

l'exil de Métellus [1], l'affreuse destinée de Marius, le massacre des chefs, et tant d'autres victimes immolées après eux. On ne craint même pas de citer mon nom [2]; et sans doute parce que ces philosophes paresseux se croient redevables de la vie et du repos qui leur est si cher à mes conseils et aux périls que j'ai courus, ils me plaignent avec plus de force et s'attendrissent sur mes malheurs. Mais pour moi, je ne puis guère m'expliquer comment des hommes qui ne craignent pas de traverser les mers pour s'instruire et voir le monde.... *s'étonnent ainsi de voir braver les plus grands périls pour sauver son pays......* [3]

IV...... Lorsque sortant de mon consulat je jurai dans l'assemblée du peuple romain que j'avais sauvé la patrie [4] et que le peuple entier répéta mon serment, je reçus un ample dédommagement de tous mes travaux et de toutes mes épreuves. Dans mes malheurs même j'ai trouvé plus d'honneur que de peine, moins d'amertume que de gloire; et les regrets des bons citoyens ont plus réjoui mon cœur que ne l'attristait le triomphe des méchants. Et quand bien même les choses eussent tourné pour moi plus mal, de quoi aurais-je eu à me plaindre? Il ne me serait arrivé rien d'imprévu, rien qui fût plus à craindre que ce que devais naturellement attendre pour prix d'actions si éclatantes [5]. En effet, n'étais-je pas libre de rester en repos et même de tirer de ce repos plus de profit que les autres, à cause de cette diversité de connaissances et d'études libérales où je trouvais depuis mon enfance une si grande douceur [6]? Et, dans le cas d'un désastre qui nous aurait

1. Popilius Lænas, Opimius et Métellus furent condamnés par représailles de leurs violences contre le parti des Gracques; et, ce que Cicéron ne dit point, Opimius fut exilé pour s'être laissé corrompre par Jugurtha.

2. Cicéron écrit la *République* dix ans après son consulat.

3. On supplée facilement : que ces mêmes gens s'étonnent de voir braver de plus grands périls pour servir la patrie. — Le texte manque au manuscrit.

4. Voir ce récit fait par Cicéron : *Orat. in Pison.*, III, et *Lettres, ad fam.* v, 2.

5. Ne chicanons pas trop les grands hommes sur le juste orgueil qui s'ajoute chez eux à la conscience du devoir courageusement accompli. Cicéron prisait plus son courage civil et sa science politique que ses grandes qualités d'orateur : on peut excuser et respecter même de telles erreurs.

6. Ce furent les seules consolations qui restèrent à Cicéron, quand il se vit écarté des affaires. Nous devons à ces retraites forcées quelques-uns de ses plus beaux écrits, et particulièrement les *Tusculanes* et le *De Officiis*. Lire les

tous atteints, je n'en aurais pas souffert plus gravement que les autres, et je n'aurais fait que subir le sort commun. N'était-ce donc pas volontairement que j'étais allé au-devant des plus terribles tempêtes, au-devant de la foudre même, pour sauver mes concitoyens et assurer, à mes risques et périls, le repos des autres ? En effet, la patrie ne nous a pas donné la naissance et l'éducation pour rien : elle attend de nous que nous la soutenions à notre tour; elle ne doit pas servir nos intérêts égoïstes et fournir une retraite assurée à notre paresse, un lieu de repos à notre inaction; elle se réserve au contraire des droits imprescriptibles sur les meilleures parties de notre âme, de notre esprit et de notre raison que nous devons dévouer à ses intérêts, et dont elle ne nous laisse pour notre propre usage que ce qui lui est inutile à elle-même[1].

V. J'ajouterai que toutes les autres excuses dont nos adversaires essayent de couvrir leur inaction trop intéressée, ne méritent en aucune façon d'être écoutées. A les entendre, presque toujours ceux qui touchent aux affaires publiques sont des hommes indignes avec lesquels toute comparaison est honteuse[2], tout conflit déplorable et dangereux, surtout quand les passions populaires sont déchaînées. Ils concluent de là qu'il n'appartient pas à un sage de prendre en main les rênes, puisqu'il ne saurait réussir à réprimer les mouvements insensés et les violences indomptables de la foule; d'après eux, il ne convient pas davantage à un homme bien né de commettre l'élévation de son caractère avec des adversaires sans honneur et sans probité. Il se fait également tort en subissant leurs outrages et en s'exposant gratuitement à des injures qu'un sage ne doit point supporter. Mais, je le demande, pour les honnêtes gens dont l'âme est bien trempée et le cœur haut, est-il un plus légitime motif pour qu'ils se mêlent des af-

---

préfaces ou préambules de ces deux écrits, et du de *Finibus*.

1. Ces idées sur les droits imprescriptibles de la patrie sont chères à Cicéron : Comp. : *De officiis*, I, 17. Lucain a imité ce passage.

Patriæque impendere vitam
Nec sibi, sed toti genitum se credere
[mundo
(Phars. II, 582.)

2. M. Villemain relève finement une imitation de Tacite (*Vie d'Agricola*) : « Procul a contentione adversus procura-

faires publiques, que la volonté énergique de ne pas obéir aux méchants, de ne pas leur livrer l'État en proie de façon à se priver eux-mêmes des moyens de lui venir en aide le jour où ils le voudraient[1].

VI. Enfin, est-il possible d'admettre cette restriction qui ne permet au sage de toucher à quelque partie de la chose publique que lorsqu'il y est contraint par la nécessité ou par les circonstances les plus impérieuses[2]. Eh ! quelle nécessité fut jamais plus pressante que celle où je me suis trouvé moi-même ? Qu'aurais-je donc pu faire en de telles conjonctures, si je n'avais été consul ? Et comment aurais-je pu devenir consul, si, dès mon enfance, je ne m'étais proposé de franchir tous les degrés qui devaient élever un simple chevalier comme moi à cette suprême dignité ? On ne peut donc pas venir au secours de la république en détresse à l'improviste, et précisément à l'heure où on le veut, quels que soient les périls qui la menacent, si on ne s'est déjà mis en position de la servir. Je l'avoue, ce qui m'étonne le plus dans les discours de gens si bien avisés, c'est lorsque les mêmes hommes qui se reconnaissent incapables de gouverner sur une mer tranquille, parce qu'ils n'ont jamais appris et ne se sont jamais souciés d'apprendre à gouverner, viennent déclarer qu'ils s'improviseraient pilotes au plus fort de la tempête. Ils disent ouvertement (et ils se font même gloire de cette ignorance), qu'ils n'ont

tores et vincere inglorium et alteri sordidum arbitrabatur. »

1. Cette réponse est triomphante, et on ne saurait affirmer plus éloquemment les droits et les devoirs de bons citoyens.

2. Sur la question de savoir si le sage se doit mêler des affaires de l'État consulter : Platon, *Rép.* VI. — Aristote, *Politiq.* VII, 2. — Plutarque, *Contradict. des Stoïciens.* Cicéron : *De Finib.* IV, 2, 5. *De Divin.*, II, 1. — *Acad.* IV, 36. — *De Offic.*, I, 21. « Il faudrait peut-être accorder la liberté de s'éloigner des affaires publiques, et à ceux qui, doués d'un grand génie, se sont entièrement adonnés aux études spéculatives, et à ceux qui, par la faiblesse de leur santé ou par toute autre cause raisonnable, ont renoncé à l'administration de l'État, et en ont laissé à d'autres l'autorité et la gloire. Quant aux hommes qui n'ont aucun de ces motifs, et qui prétendent dédaigner ce qui éblouit tant d'autres, les commandements et les magistratures, ils me paraissent plutôt dignes de blâme que de louange... Ceux qui ont reçu de la nature un esprit propre aux affaires doivent, sans hésiter, se présenter pour les magistratures et l'administration de la république. » (Cicéron : *De Officiis*, I, 21. Trad. Nisard.) — Aristote qui recommande dans sa morale les vertus *pratiques* et qui cherche le bonheur dans l'*action*, dit aussi : Τὸ μᾶλλον ἐπαινεῖν τὸ ἀπρακτεῖν τοῦ πράττειν οὐκ ἀληθές· ἡ γὰρ εὐδαιμονία πρᾶξίς ἐστιν. — *Politique*, VII, 5.

jamais recherché et qu'ils n'enseignent point les moyens de constituer et de maintenir les Etats ; ils estiment qu'une telle science ne convient point aux savants ni aux sages, et doit être laissée aux hommes pratiques dont c'est l'affaire propre. Mais alors pourquoi promettent-ils leur secours à la république, si la nécessité les y contraint, puisqu'ils se reconnaissent incapables de suffire à une tâche beaucoup plus facile, celle de gouverner l'État en l'absence de tout péril? En vérité, en admettant même ces deux points, à savoir que le sage ne descendra pas volontairement à s'occuper des intérêts de l'Etat, et ne se résignera à porter ce fardeau que dans un cas d'impérieuse nécessité, je maintiendrais encore que son devoir est de ne pas négliger la science politique, pour se ménager d'avance toutes les ressources dont il ignore s'il n'aura pas besoin quelque jour.

VII. J'ai tenu à m'étendre sur ce sujet, parce que cet ouvrage étant une discussion entreprise et soutenue par moi sur le gouvernement, j'ai dû avant tout, pour ne pas la rendre inutile, lever tous les doutes ou tous les scrupules qui pourraient éloigner les citoyens des affaires publiques. S'il est des esprits qui soient fort touchés de l'autorité des philosophes, je les avertis d'écouter de préférence, parmi ces philosophes, ceux qui ont précisément le plus d'autorité et de gloire auprès des plus savants juges. On conviendra avec moi que ces hommes, alors même qu'ils n'ont point directement administré l'Etat, ont cependant rempli une sorte de magistrature politique par leurs études et leurs écrits sur les meilleures conditions ou formes de gouvernement[1]. Quant à ceux que la Grèce a nommés les *sept sages*, je constate qu'ils ont tous été mêlés aux affaires de leur pays[2]. Nulle œuvre en effet ne rapproche plus la vertu humaine de la divine Providence que celle qui con-

---

1. « Ils ont comme exercé une sorte de magistrature politique. » Ces philosophes, ce sont Platon, Aristote, Xénocrate, Chrysippe, etc. Comp. Sénéq. *De tranq. animi*, III. L'homme de talent exerce une magistrature publique sans avoir besoin d'être revêtu d'aucun titre officiel.

2. Cicéron nous dit que les Sept Sages, à l'exception de Thalès, furent les administrateurs de leurs pays. (*De Orat.*, III, 54.)

siste à fonder des sociétés nouvelles, ou à maintenir celles qui sont déjà établies [1].

Cicéron se propose donc non d'imaginer un nouveau système politique, mais de rapporter l'entretien de quelques illustres Romains, tel que Rutilius le lui a raconté.

VIII. Pour nous, deux motifs nous encourageaient à écrire cet ouvrage : nous avions eu d'abord l'heureuse fortune d'avoir fait dans le gouvernement quelque chose digne de mémoire, et nous avions acquis par l'expérience, par l'étude et par l'habitude d'exposer de telles matières, une certaine facilité à traiter les questions politiques : tandis que, avant nous, les uns étaient des esprits exercés à la spéculation et à la controverse, mais absolument étrangers au maniement des affaires ; les autres, politiques estimés, étaient inhabiles à exprimer leurs idées. Nous n'avons point d'ailleurs la prétention d'établir un nouveau système dont notre imagination ferait les frais [2] : nous voulons seulement rapporter fidèlement et tel que nous l'a raconté Rutilius Rufus [3], quand nous passâmes vous et moi, — vous, bien jeune encore — quelques jours à Smyrne, l'entretien de quelques citoyens qui furent les plus illustres de leur siècle et de notre république. Cet entretien me paraît renfermer toutes les questions qui intéressent le plus la conduite d'un État.

Occasion de cet entretien sur la république. — Discussion sur un phénomène de parhélie, et par suite sur l'utilité ou l'intérêt des études purement spéculatives ou abstraites. Présentation et intervention successive des personnages : le second Africain, chez qui se tient la conversation ; Q. Tubéron, son neveu ; puis L. Furius, P. Rutilius, Lælius, Spurius Mummius, C. Fannius, Q. Scœvola, et enfin M. Manilius.

IX. Sous le consulat de Tuditanus [4] et d'Aquilius, Sci-

---

1. Les premiers législateurs eurent en effet, dans l'esprit des anciens, une sorte de caractère divin. — Comp. Horace, *Art poét.*, 391 : « Sacer interpres que Deorum... Orpheus. »

2. Il ne s'agit pas d'établir un système nouveau et entièrement imaginé. Cicéron ne construit pas en son propre nom une *utopie*, comme Platon : il aime à mettre ses idées sous le patronage « des hommes les plus illustres de notre siècle et de leur république. » (Cf. livre II, 1 et 21.)

3. RUTILIUS, stoïcien, élève de Panœtius, ami et compagnon d'armes de Scipion dont il écrivit l'histoire. Exilé de Rome par les intrigues des chevaliers, il devint citoyen de Smyrne.

4. P. AFRICANUS. C'est le second Africain, fils de Paul-Émile, adopté par

pion l'Africain, le fils de Paul-Emile, avait décidé qu'il passerait les féries latines dans ses jardins, et ses plus intimes amis lui avaient promis de venir le visiter souvent pendant ces jours de fêtes. Dès le premier jour, au matin, il reçut la visite de son neveu Q. Tubéron[1], qui se présenta avant tous les autres. Scipion l'accueillit avec joie : « Quoi, si matin ! mon cher Tubéron, lui dit-il ; ces jours de fêtes te fournissaient pourtant une belle occasion de te livrer à tes études de prédilection. — Mais j'ai tout le temps d'être avec mes livres, répondit Tubéron : car ils sont toujours sous ma main, tandis que c'est chose rare et difficile de te trouver de loisir, surtout dans les circonstances critiques où nous voyons la république. — Tu me trouves de loisir, en effet, reprit Scipion, mais plutôt libre d'occupations que de soucis. — Il faudra bien, toutefois, répondit Tubéron, que tu donnes aussi quelque repos à ton esprit ; car nous sommes plusieurs qui avons formé le projet, si nous pouvons le faire sans être importuns, de mettre à profit dans ta société le repos que ces fêtes nous donnent. — Rien ne me sera plus agréable, et ce sera pour nous une occasion de revenir pour quelque temps à nos plus chères études.

X. « Te plaît-il donc, Scipion, puisque tu m'y invites, et que tu me donnes l'espoir de t'entendre, que nous examinions, avant l'arrivée de nos amis, ce que ce peut être que cette apparition d'un double soleil dont il a été parlé au Sénat[2] ? Ceux qui prétendent avoir vu ces deux soleils sont nombreux et dignes de foi, de sorte qu'il s'agit maintenant, non de nier le prodige, mais d'en chercher l'explication. — Que je voudrais, dit Scipion, que nous eussions ici avec nous notre ami Panétius[3], qui s'est particulièrement appliqué à l'étude des phénomènes célestes ! Mais pour moi, Tubéron, je te parle ici le plus franchement du monde, je ne sau-

---

le fils aîné du premier Africain. — TUDITANUS, orateur et historien distingué. Voir *Brutus* (édit. de M. Henry), XXV.

1. Q. ÆLIUS TUBERO, petit-fils de Paul-Emile, et neveu de Scipion, attaché à la secte stoïque.

2. *Phénomène de Parhélie*. Cicéron raconte ce fait : *De nat. Deor.*, II, 5 ; *De divin.*, I, 43. — Ce phénomène devient ici l'occasion d'une digression un peu longue, qui dure jusqu'au chap. XX.

5. PANÉTIUS, de Rhodes, stoïcien, maître et ami de Scipion l'Africain, de Lælius, de Rutilius, de Fannius. Cicéron a emprunté la plus grande partie de son *De officiis* à son livre : Περὶ τοῦ καθήκοντος.

rais, en de pareilles matières, me ranger de l'avis de notre ami, lorsque, sur des phénomènes dont nous pouvons à peine soupçonner la nature par hypothèse, il nous donne des assertions si catégoriques qu'il semble les voir de ses yeux et les toucher avec la main ! J'apprécie d'autant plus la sagesse si discrète de Socrate [1], qui avait laissé de côté toute recherche de ce genre, et déclarait que de tels problèmes ou dépassaient la portée de la raison humaine, ou n'intéressaient en aucune façon la conduite de la vie. — Mais, répliqua Tubéron, je ne sais d'où est venue cette tradition que Socrate s'était interdit toute recherche sur les mystères de la nature, et ne s'occupait que des questions qui présentaient un intérêt pratique et moral. Qui peut, sur le personnage de Socrate et sur sa doctrine, nous fournir des renseignements plus amples et plus autorisés que son disciple Platon? Or, dans maint endroit de ses dialogues, Socrate, tout en discutant sur la morale, sur la vertu, sur le gouvernement des cités, mêle à ses discours des considérations sur les nombres, sur la géométrie, l'harmonie, à la façon de Pythagore [2]. — Il est vrai, reprit Scipion, mais, Tubéron, tu n'ignores pas sans doute que Platon, après la mort de Socrate, se rendit d'abord en Egypte pour augmenter ses connaissances, puis de là en Italie et en Sicile pour pénétrer le mystère des doctrines de Pythagore : il eut de fréquents entretiens avec Archytas de Tarente et avec Timée de Locres [3], recueillit les ouvrages de Philolaüs [4], et, comme à cette époque et dans ces contrées, la renommée de Pythagore était florissante, il se livra aux hommes de cette écoie, et s'initia à leurs études habituelles. Mais comme il avait gardé une tendresse parti-

---

1. C'est, en effet, le caractère général de la révolution opérée par Socrate, qui a voulu ramener l'homme à *l'étude de lui-même*, et lui apprendre à bien vivre. Comp. *Tusculanes*, v, 4. Edit. de M. Charles.

2. Ce sont des additions faites par Platon à la doctrine de Socrate, et où Socrate ne se serait pas toujours reconnu.

3. Timée de Locres, disciple, comme Archytas, de Pythagore. Nous avons sous son nom un traité sur *l'Ame, le monde et la nature*; mais l'authenticité de cet ouvrage est plus que douteuse. (Voir Platon : *Timée de Locres*, et le *Timée*.)

4. Philolaüs, de la Grande-Grèce, disciple d'Archytas (ve siècle), porta le pythagorisme dans les écoles de la Grèce. Nous avons de lui des fragments importants sur l'astronomie, qui ont, dit-on, mis Copernic sur la voie de ses découvertes.

culière pour Socrate, et voulait lui tout rapporter, il entremêla la grâce socratique et la finesse dialectique de son maître chéri à la mystérieuse profondeur de Pythagore et à la variété des connaissances que recommandait son enseignement.

XI. Scipion achevait ces mots quand il vit entrer L. Furius[1]. Il le salua avec amitié, et, le prenant par la main, le fit asseoir près de lui. En même temps, arrivait P. Rutilius, celui qui nous a si bien conservé cet entretien[2]. Scipion l'accueillit avec la même grâce, et lui fit prendre place près de Tubéron.—De quoi parliez-vous? dit alors Furius : notre arrivée a-t-elle interrompu quelque discussion déjà entamée? — En aucune façon, répondit Scipion ; car la question que venait de nous proposer Tubéron est précisément du genre de celles auxquelles vous vous intéressez le plus volontiers. Et notre ami Rutilius même, au siége de Numance, nous soumettait quelquefois de pareils sujets de discussion. — De quoi donc était-il question? demanda Philus. — De cette apparition toute récente des deux soleils, dit Scipion, et je serais curieux de savoir ce que toi-même tu en penses.

XII. En ce moment, un esclave vint annoncer que Lœlius sortait de chez lui pour se rendre chez Scipion[3]. Scipion s'étant chaussé et habillé pour aller au-devant de son ami, sort de la chambre, et, après quelques pas faits sous le portique, il salua Lœlius et avec lui Spurius Mummius[4], que Scipion aimait particulièrement, C. Fannius et Q. Scœvola[5], gendres de Lœlius, jeunes gens très-instruits qui avaient déjà l'âge de la questure[6]. Scipion leur souhaite la bienvenue à tous, et revient sur ses pas dans le portique en donnant à Lœlius la place du milieu ; car il était, pour ainsi dire, de droit entre ces deux amis que, dans les camps

---

1. L. FURIUS PHILUS, consul en 136, orateur et astronome.

2. Voir page 11, note 5.

3. LÆLIUM, Lélius, l'ami de Scipion, le protecteur des lettres et des arts. Voir CICÉRON : *Lælius seu de Amicitia*. La plupart des personnages placés ici par Cicéron se retrouvent dans le Dialogue sur l'*Amitié*.

4. SPURIUS MUMMIUS, frère du Mummius qui ruina Corinthe.

5. FANNIUS, auteur d'*Annales* et orateur. Voir *Brutus*, édit. de M. Henry. 26. — M. SCŒVOLA, jurisconsulte et augure, gendre de Lælius, comme Fannius.

6. Dans l'âge de la questure (25 ou 31 ans).

Lœlius honorât comme un dieu, à cause de sa gloire militaire, le vainqueur de l'Afrique, et qu'en revanche, dans la vie civile, Scipion vénérât comme un père Lœlius beaucoup plus âgé que lui.

Après avoir échangé quelques paroles et fait un ou deux tours sous le portique, Scipion, qui était très-sensible au plaisir de les voir réunis, leur offrit de venir s'asseoir avec lui à l'endroit de la prairie le plus exposé au soleil; car on était en hiver. Comme ils s'y rendaient, survint M. Manilius [1], jurisconsulte fort habile, qui leur était cher et fort agréable à tous. Scipion et les autres lui ayant fait le plus gracieux accueil, il vint s'asseoir auprès de Lœlius.

Lœlius réclame contre le sujet de l'entretien, et se plaint qu'on perde du temps à regarder le ciel quand on ignore ce qui se passe sur la terre.

XIII. Philus dit alors : Je ne pense pas que la présence de ces nouveaux venus nous doive obliger à chercher un autre sujet d'entretien : il convient seulement de traiter ce sujet avec plus de soin et dans un langage qui ne soit pas trop indigne d'un tel auditoire. — De quoi traitiez-vous donc, demanda Lœlius, et quelle conversation avons-nous interrompue ? — Scipion me demandait, dit Philus, ce que je pensais de cette apparition, très-réelle à ce qu'on assure, de deux soleils. — *Lœlius :* Quoi, Philus, sommes-nous si bien instruits de toutes les choses qui intéressent nos propres maisons et la république [2], pour être si curieux de ce qui se passe dans le ciel ? — *Philus :* Mais penses-tu donc que nos demeures terrestres elles-mêmes ne soient pas intéressées aux événements qui arrivent dans cette autre grande demeure, qui n'est pas cette étroite enceinte qu'enferment nos murailles, mais ce vaste monde que les dieux nous ont donné pour domicile et pour patrie à partager avec eux-mêmes [3] ? Et d'ailleurs si nous ignorons ces cho-

---

1. M. MANILIUS, jurisconsulte, ami de Scipion.

2. Le véritable sujet du dialogue est ainsi annoncé.

3. Cet univers que les Dieux nous ont donné pour patrie à partager avec eux-mêmes. — Ce sont là des idées stoïciennes : l'homme est citoyen du monde; il doit :

« Non sibi, sed toti genitum se credere [mundo. »

Comp. SÉNÈQUE, *Lettres à Lucil.,* édit. de M. Charles.

ses, c'est nous résigner à faire le sacrifice de nombreuses et grandes vérités. Pour moi, ainsi que toi certainement, Lœlius, et comme tous les esprits avides de la science, la considération et l'étude de ces merveilles me charment au plus haut point. — Je ne suis point l'ennemi de vos plaisirs, reprit Lœlius, surtout puisque nous sommes dans le loisir d'un jour de fête ; mais pourrons-nous encore entendre quelque chose, ou sommes-nous arrivés trop tard ! — *Scipion :* Nous n'avions même pas entamé la discussion, et, la question demeurant tout entière, je te cède volontiers la parole, Lœlius, pour que tu nous dises ton sentiment. — *Lœlius :* J'aime mieux t'écouter, à moins toutefois que notre ami le jurisconsulte Manilius ne veuille régler le différend entre ces deux soleils, et, selon la formule, ordonner de part et d'autre le maintien du possessoire[1]. — Manilius reprit aussitôt : Ne cesseras-tu point de te moquer d'un art où d'abord je me flatte modestement d'exceller, et sans lequel d'ailleurs personne ne pourrait distinguer ni son bien, ni celui d'autrui ? Mais c'est une autre question sur laquelle nous reviendrons. Pour le moment écoutons Philus : il me semble qu'on l'a consulté sur des matières plus graves que celles qui nous sont soumises d'ordinaire, à Mucius et à moi.

Philus entretient ses amis de la sphère d'Archimède, et, par suite, de l'utilité de l'astronomie et de la beauté morale de la science, même et surtout peut-être de la science la plus désintéressée.

XIV. Philus prit la parole : « Je n'ai à vous offrir, dit-il, rien de nouveau, rien qui ait été imaginé ou inventé par moi ; mais voici ce dont je me souviens. C. Sulpicius Gallus[2], fort savant homme, comme vous savez, se trouvait chez Marcellus qui avait été consul avec lui, quand on vint à parler d'un prodige semblable à celui qui nous occupe : il demanda qu'on lui apportât cette fameuse sphère que l'aïeul de Marcellus avait autrefois enlevée à la prise de

---

1. Cicéron joue ici sur une formule de droit familière au jurisconsulte Manilius : « Uti nunc possidetis, quominus ita possideatis, vim fieri veto, » formule qui interdisait (*interdictum*) toute violence pour troubler le possesseur.

2. C. SULPICIUS GALLUS, auteur d'un livre sur les éclipses (voir : PLINE, II, 19), souvent cité par Cicéron (*De senectute*, 14).

Syracuse, et qui était le seul butin qu'il voulût remporter d'une ville si riche et d'une si grande conquête. La grande renommée d'Archimède faisait que j'avais souvent entendu parler de cette sphère : au premier aspect elle ne me parut pas fort extraordinaire. Il en existait une autre plus élégante et plus connue du vulgaire, faite par ce même Archimède et que Marcellus avait déposée dans le temple de la Vertu. Mais dès que Gallus eut commencé à expliquer avec une grande science le mécanisme de cette sphère, je jugeai qu'il y avait eu dans ce Sicilien un génie bien supérieur aux conditions de l'intelligence humaine. Gallus nous disait que l'invention de cette autre sphère solide et pleine était fort ancienne, et que Thalès de Milet en avait trouvé le premier modèle [1]; plus tard, Eudoxe de Cnide, disciple de Platon, avait tracé à la surface de ce globe les astres attachés à la voûte des cieux ; et beaucoup d'années après, Aratus [2], sans connaître l'astronomie, mais en s'inspirant comme un poëte de ce beau travail, l'avait décrit et représenté dans ses vers. Quant à cette forme particulière de sphère solide, elle n'avait pu convenir à la description des mouvements de la lune, du soleil, et des cinq étoiles que nous appelons instables ou errantes. Ce qui faisait donc l'originalité admirable de l'invention d'Archimède, c'est qu'il avait pu représenter dans un seul système et par un seul tour de la sphère sur elle-même, tous les mouvements dissemblables et toutes les révolutions inégales des astres. Lorsque Gallus mettait la sphère en mouvement, il arrivait que chaque tour de la machine faisait succéder la lune au soleil comme elle lui succède chaque jour dans le ciel : par suite le soleil disparaissait, comme dans le ciel, et la lune venait toucher la limite de l'ombre de la terre tandis que de l'autre côté le soleil.....

[Lacune de huit pages au manuscrit, selon les conjectures d'Angelo Mai.]

XV..... *Scipion....* J'étais aussi l'ami de Gallus et je savais

---

1. Par Thalès ou par Anaximandre, 600 ans av. J.-C. — Eudoxe de Cnide, qui passa treize ans en Egypte avec Platon (STRABON, XVII. — CICÉRON, *De Divin.*, II, 42).

2. ARATUS, poëte astronome (270 av. J.-C.), auteur du poëme des *Phénomènes*, imité et traduit par Cicéron.

que Paul-Emile, mon père, l'aimait et l'estimait singulièrement. Je me souviens qu'étant encore très-jeune, lorsque
mon père était consul en Macédoine, au camp, par une
nuit claire, toute l'armée fut saisie d'une panique supersti-
tieuse, parce que la lune, qui était alors dans son plein et
toute brillante, s'était soudain éclipsée. Gallus qui était
alors lieutenant de mon père, une année environ avant
d'être nommé lui-même consul, n'hésita point à déclarer le
lendemain aux légions qu'il n'y avait point là de prodige ;
que ce phénomène s'était produit et se reproduirait à des
intervalles déterminés, en vertu d'une loi régulière qui le
ramènerait chaque fois que le soleil se trouverait dans une
position telle que la lune ne serait plus éclairée de ses
rayons. — En vérité, s'écria Tubéron ! Pouvait-il espérer
se faire comprendre d'hommes grossiers, et à ce point
ignorants ? — Il l'a fait, dit Scipion, et avec une grande....

[Lacune de deux pages.]

Ce n'était point un orgueilleux étalage de sa science, et
son discours était d'accord avec la dignité de son caractère.
Il avait réellement obtenu un grand résultat, en délivrant
ces esprits troublés de leur vaine superstition et de leur
terreur.

XVI. Un événement assez semblable arriva pendant cette
grande guerre que se firent les Athéniens et les Lacédémoniens avec tant d'acharnement : l'illustre Périclès que son
crédit, son éloquence et son habileté avaient mis à la tête de
l'État, voyant les Athéniens saisis d'une grande terreur, à
cause d'une éclipse de soleil qui les avait tout à coup plongés
dans les ténèbres, leur expliqua, dit-on, ce qu'il avait lui-
même appris de son maître Anaxagore[1] : que de semblables
phénomènes se produisaient à des époques fixes et déterminées, lorsque la lune se plaçait tout entière devant le disque
du soleil : que si ces éclipses n'arrivaient pas à tous les

---

1. ANAXAGORE, de Clazomène, 500-
428, admit une *intelligence*, νοῦς, distincte de la *matière*, cause libre et
organisatrice du monde. « Quand un
homme vint dire qu'il y avait dans la
nature, comme dans les animaux, une
intelligence qui est la cause de l'ordre
et de l'arrangement de l'univers, cet
homme (Anaxagore) parut seul avoir
conservé sa raison au milieu de la folie de
ses devanciers. » (ARISTOTE, *Métaphys.*,
I, 5, et PLATON, fin du *Phédon.*) — Voir
nos *Résumés d'un cours de Philosophie*,
pag. 266 à 269.

renouvellements de la lune, elles ne pouvaient cependant avoir lieu qu'aux nouvelles lunes. Par ses explications démonstratives, Périclès délivra le peuple de sa crainte; car c'était alors un système encore tout nouveau et fort peu connu que celui qui rend compte de l'obscurcissement du soleil par l'interposition de la lune; et l'honneur en revient, dit-on, à Thalès de Milet. Il ne fut pas ignoré de notre poëte Ennius, qui dit que vers l'an 351 de la fondation de Rome, aux nones de juin,

« Le soleil fut couvert par la lune et par la nuit. »

Aujourd'hui la force et la précision des calculs vont si loin que depuis ce jour, indiqué par Ennius et consigné dans les Grandes Annales [1], toutes les éclipses de soleil antérieures ont été supputées, jusqu'à celle qui était arrivée, aux nones de juillet, sous le règne de Romulus : les ténèbres dont cette éclipse couvrit la terre permettent de supposer que ce prince, qui avait sans doute subi tout simplement la destinée naturelle et commune, avait été ravi au ciel, en récompense de sa vertu.

Éloge de la science, qui élève l'homme au-dessus des vulgaires ambitions, l'affranchit du joug des passions, donne à l'esprit humain la véritable élévation et le seul bonheur qui mérite d'être recherché.

XVII. Tubéron dit alors : Ne vois-tu pas, Scipion, que cette science de l'astronomie, contrairement à l'opinion que tu exprimais tout à l'heure, mérite d'être enseignée...

[Lacune de deux pages au manuscrit.]

.... *Scipion a repris la parole.*

.... *Scipion.* — Que peut-il désormais trouver de beau dans les choses humaines, celui qui a exploré ces royaumes des Dieux? Qu'y a-t-il de durable pour celui qui connaît ce qui est éternel? qu'y a-t-il enfin de glorieux pour celui qui voit combien la terre est petite, quelle faible portion de sa surface forme le domaine restreint de l'homme, et quelle étrange vanité est la nôtre, quand perdus dans un petit

1. Registres des pontifes, Tables de marbre ou de bronze où l'on inscrivait les noms des consuls, des principaux magistrats, et quelques indications astronomiques (CICÉRON, *De Oratore*, II).

coin du monde, ignorés de tant de peuples qui n'entendront jamais parler de nous, nous nous imaginons que notre nom pourra se répandre et remplir l'univers[1] ! Que valent aussi tous les biens de cette terre pour celui qui ne saurait regarder comme des biens, ni appeler de ce nom ni champs, ni maisons, ni troupeaux, ni trésors, parce que le profit lui en parut médiocre, l'usage restreint, la possession incertaine, et que souvent de pareilles richesses sont accaparées par la pire espèce d'hommes? Combien doit-on estimer heureux l'homme qui peut seul revendiquer pour lui la puissance de toutes choses, non pas en vertu du droit romain, mais par le privilége des sages ; non par un contrat civil, mais par la loi de nature qui ne reconnaît pour légitimes possesseurs des choses que ceux qui en savent faire bon usage ! l'homme qui n'accepte les commandements, les consulats que comme des charges plus obligatoires que désirables, de véritables devoirs dont il faut s'acquitter, et qu'on ne doit pas rechercher en vue des récompenses et de la gloire ! l'homme enfin qui peut comme Scipion mon aïeul, au rapport de Caton, dire de lui-même, « qu'il n'est jamais plus actif que lorsqu'il ne fait rien, jamais moins seul que dans la solitude ! »

Et, en effet, qui pourrait croire que Denys, après avoir réussi par toutes sortes de manœuvres à asservir sa patrie, ait accompli une œuvre plus grande qu'Archimède, son concitoyen, inventant, sans paraître rien faire, cette sphère céleste dont on nous parlait tout à l'heure? Certes, les hommes qui, en plein forum et au milieu de la foule, ne trouvent personne avec qui il puisse leur être doux de s'entretenir, ne sont-ils pas plus seuls que ceux qui, sans témoins, s'entretiennent avec eux-mêmes, ou peuvent se mêler pour ainsi dire à l'assemblée des sages et des plus savants hommes, en se délectant à leurs inventions et à leurs écrits? Quel mortel est plus riche, que celui à qui ne manque aucune des choses que la nature réclame? plus puissant, que celui qui peut se donner tout ce qu'il désire? plus heu-

1. Ces idées ont été reprises par Boëce : *De consolatione Philosophia*. | Comparer le *Songe de Scipion*, livre VI, *de la Républiq.*, XVI.

reux que celui dont l'âme n'est agitée par aucun trouble? plus assuré dans ses possessions que celui qui pourrait, comme on dit, porter tout avec soi et sauver tous ses biens, même d'un naufrage? Quel pouvoir, quelle magistrature, quelle royauté pourraient être préférables à l'état d'une âme qui, regardant de haut toutes les choses humaines, et les jugeant inférieures en dignité à la sagesse, ne pense rien que d'éternel et de divin, persuadée que si rien n'est plus commun que le nom d'homme, ceux-là seuls le méritent qui ont cultivé leur esprit par la science qui est la marque distinctive de l'humanité[1]? Il me revient à ce sujet un mot heureux de Platon, ou peut-être de quelque autre philosophe[2] : la tempête l'avait jeté sur une terre inconnue, une plage déserte, et, comme ses compagnons s'effrayaient de ne point savoir en quel lieu ils étaient, il aperçut, dit-on, des figures de géométrie tracées sur le sable, et s'écria en les voyant qu'il fallait avoir bon courage, puisqu'il y avait là des vestiges d'hommes. Cette indication, il ne la tirait point de la culture des campagnes, mais de ces indices d'une science de l'esprit. Voilà pourquoi, Tubéron, je me suis toujours senti attiré vers la science et les savants, et du côté de tes études favorites.

Lœlius voudrait qu'au lieu de se livrer à des recherches purement spéculatives, on s'occupât davantage des intérêts moraux et politiques : la science sociale et politique peut, en effet, nous rendre meilleurs et plus heureux. Il exprime le vœu que Scipion, l'élève de Polybe, l'ami de Panétius, le grand citoyen, expose ses idées sur la meilleure forme de gouvernement.

XVIII. Lœlius prit alors la parole. — Je n'ose, Scipion, répondre à ce que tu viens de dire ; ce n'est d'ailleurs ni toi, ni vous, Philus ou Manilius, *que je voudrais prendre à partie.*

[Lacune de deux pages.]

...... Nous avons eu dans la famille de Tubéron, un ami qui serait digne de lui servir de modèle :

---

1. Ce magnifique éloge de la science désintéressée et indépendante est inspiré par les idées stoïciennes ; mais Cicéron les dépouille ici de ce qu'elles ont d'excessif, d'arrogant et parfois même de ridicule : il n'a pas toujours été si discret (voir le *De Finibus*, les *Tusculanes* et le *Pro Murena*, où il se moque, comme le fera Horace plus tard, des prétentions abusives du *sage* stoïcien.)

2. Montesquieu, *Esprit des Lois*, XVII, 15, cite le même exemple en l'appliquant à la monnaie.

« Ælius Sextus, le sage et l'avisé[1]. » Sage et bien avisé en effet, comme l'appelle Ennius! non qu'il cherchât ce qu'il n'aurait jamais pu trouver, mais parce qu'il donnait à ceux qui le venaient consulter des réponses qui leur mettaient l'esprit en repos, et les tiraient de peine. En faisant le procès aux spéculations astronomiques de Gallus, il avait toujours à la bouche les vers d'Achille dans *Iphigénie*[2] :

« Ces astronomes ont toujours le nez en l'air pour suivre les mouvements de leurs constellations, la Chèvre, le Scorpion ou telle autre bête qu'ils veulent voir paraître dans le ciel : aucun ne regarde ce qui se passe à ses pieds, et ils veulent explorer les abîmes infinis des cieux! »

J'ai entendu dire aussi à ce Sextus (je l'écoutais souvent et avec grand plaisir) que le *Zéthus* de Pacuvius était trop ennemi de la science[3]. Il aimait mieux le *Néoptolème* d'Ennius qui dit « qu'il veut bien philosopher, mais doucement sans se livrer tout entier à la philosophie. » Si les études des Grecs ont pour vous des charmes si singuliers, il en est d'autres plus libres et plus accessibles qui peuvent être de quelque intérêt pour l'usage et la conduite de la vie, et même pour le gouvernement de l'Etat[4]. Quant aux sciences abstraites dont vous parliez tout à l'heure, si elles ont quelque utilité, elles ne peuvent guère servir qu'à aiguiser et exciter un peu l'esprit des enfants, pour les mettre en état d'apprendre ensuite des choses plus sérieuses.

XIX. Tubéron dit alors : — Je suis de ton avis, Lœlius; mais je te demanderai quelles sont ces études plus sérieuses dont tu parles. — *Lœlius* : je te le dirais volontiers; mais je risque bien d'encourir tes dédains : car c'est toi qui as interrogé Scipion sur les phénomènes célestes, et moi je suis d'avis qu'il faut s'attacher de préférence à ce qui se passe sous nos yeux. Quoi! le petit fils de Paul-Emile, le neveu de Scipion l'Africain, le membre d'une si illustre famille, le citoyen d'une si grande république demande

---

1. ÆLIUS SEXTUS (202 av. J.-C.), auteur d'un recueil de formes juridiques.
2. Sans doute dans l'Iphigénie d'Ennius.

3. ZÉTHUS, personnage de l'Antiope de Pacuvius.
4. Il s'agit des sciences que nous appelons *morales*, *sociales* et *politiques*.

pourquoi l'on a vu deux soleils dans le ciel, et il ne songe
pas à demander pourquoi nous voyons aujourd'hui dans un
seul Etat deux sénats et presque deux peuples [1] ! Vous devez
bien le reconnaître en effet : la mort de Tibérius Gracchus,
et auparavant même toute la politique de son tribunat a
divisé le peuple romain en deux camps. Les détracteurs et
les adversaires de Scipion, entraînés d'abord par P. Crassus
et Appius Claudius, continuent, après la mort de ces deux
chefs, à maintenir l'opposition que nous fait une partie du
sénat, sous l'influence de Metellus et de Marius ; et l'homme
qui seul pourrait, en présence de tant de maux, le soulève-
ment des alliés et des Latins, la violation des traités, les
coups de main chaque jour plus hardis des triumvirs sédi-
tieux, la consternation des riches et des bons citoyens,
tenir tête à l'orage, ils ne lui permettent pas de nous venir
en aide en de tels périls [2]. C'est pourquoi, si vous m'en
croyez, jeunes gens, ne redoutez pas cette apparition d'un
second soleil : ou il ne peut exister, ou s'il existe en effet,
que nous importe, puisqu'il ne nous fait point de mal ? son-
gez que de tous ces mystères nous ne pouvons rien savoir,
ou que ce que nous en pourrions connaître ne nous rendrait
ni meilleurs ni plus heureux. Mais qu'il n'existe qu'un
peuple, qu'un sénat, voilà ce qui est possible; voilà une
harmonie qui ne peut être troublée sans danger; or nous
savons et nous voyons que cet ordre n'existe plus dans
notre république, et que si nous pouvions le rétablir, nous
pourrions vivre avec plus de sagesse et de bonheur.

XX. *Mucius* — : A ton avis, Lœlius, que devons-nous
donc apprendre, pour nous mettre en état de faire ce
que tu demandes? — *Lœlius* : Nous devrions étudier les
sciences qui peuvent nous rendre utiles à notre pays [3] : car
c'est là, selon moi, le plus bel emploi de la sagesse, la
preuve la plus efficace de la vertu et son plus grand devoir.

1. Transition spirituelle, mais un peu
cherchée, au sujet véritable du Traité.

2. P. Crassus et Ap. Claudius, amis
des Gracques et adversaires de Scipion.
—Métellus le Macédonique et P. Mucius, frère de Gracchus, se portèrent les
héritiers et les défenseurs des idées des
Gracques.

3. Ici se montre le caractère éminemment pratique, moral, social et politique
de l'esprit romain, et, par suite, de la
philosophie romaine, peu curieuse de la
spéculation pure.

Ainsi, pour consacrer ces jours de fête à des entretiens qui puissent être le plus utiles à l'État, prions Scipion de nous expliquer quelle est à ses yeux la meilleure forme de gouvernement. Nous aborderons ensuite d'autres questions, et, quand nous les aurons éclaircies, nous serons ramenés à la grande question qui nous occupe, et nous pourrons sans doute nous rendre compte de la crise politique que nous subissons.

XXI. Philus, Manilius et Mummius goûtèrent fort cette idée....

[Lacune de deux pages.]

.... Comme si un autre ne pouvait tracer ici le modèle d'une autre république.. (Diomède, liv. I, page 362.)

.... Ainsi, si tu le veux bien, fais descendre ton discours du ciel sur la terre.... (Nonius, II, 126, IV, 143....)

Lœlius (*répondant aux excuses que Scipion a sans doute alléguées dans les pages qui nous manquent*) : — J'ai insisté auprès de toi, Scipion, d'abord parce qu'il était juste que, sur la république, ce fût le premier citoyen de la république qui eût la parole — et aussi, parce que, s'il m'en souvient bien, tu t'es souvent entretenu de cette matière avec Panétius et devant Polybe, deux Grecs très-versés dans les questions politiques; et vos observations, vos raisonnements vous avaient amenés à cette conclusion que la meilleure forme de gouvernement était précisément celle que nous avaient laissée nos ancêtres. Puisque tu es si bien préparé sur ce sujet, je suis l'interprète du sentiment commun en disant que tu nous feras plaisir à tous, en nous exposant tes idées sur la constitution des Etats.

Scipion cède aux instances de ses amis : il puisera ses enseignements dans les traditions de sa famille et dans les travaux des moralistes grecs.

XXII. Scipion dit alors : — Je dois convenir, Lœlius, qu'il n'est aucun sujet de méditation qui ait plus souvent et plus vivement occupé mon esprit que celui que tu me proposes en ce moment. En effet, lorsque je vois que dans chaque profession l'artisan qui veut exceller dans son métier, rapporte toutes ses pensées, ses méditations, ses soins à cet unique objet : moi dont l'œuvre unique, véritable héritage de mes parents et de mes ancêtres, doit être le souci et la conduite des intérêts publics, ne serais-je pas, de mon propre aveu, plus indolent qu'un artisan quelconque, si je donnais moins de soin au plus beau des arts que les ouvriers n'en donnent aux plus humbles métiers ? Mais je ne me déclare pas satisfait des traités que nous ont laissés sur ce sujet les plus beaux esprits et les plus savants hommes de la Grèce[1] ; et, d'autre part, je n'ose préférer mes propres idées aux leurs. Écoutez-moi donc, je vous prie, comme un homme qui n'est pas absolument étranger aux livres des Grecs, mais qui ne veut pas leur accorder, surtout en ce genre, l'avantage sur les nôtres ; prenez-moi pour un de ces vrais Romains, qui doit à la sollicitude de son père le bienfait d'une éducation libérale, et que le désir d'apprendre a enflammé dès son enfance, mais dont l'instruction vient beaucoup moins des livres que de l'expérience et des enseignements de sa famille[2]. »

Philus compte que de telles instructions seront beaucoup plus pratiques et profitables que celles des philosophes grecs.

XXIII. *Philus :* « Si pour le génie naturel tu l'emportes sur tous les autres, je ne puis douter, Scipion, que tu n'aies incontestablement le même avantage en ce qui touche à l'expérience des grandes affaires politiques, et nous savons de reste quelle fut toujours l'ardeur de tes études. Aussi, puisque, comme tu nous le dis, tu as aussi porté ton esprit vers les principes et les applications de la science politique, je dois de vraies actions de grâces à Lælius ; car j'espère que ce

1. Pythagore, Platon, Aristote, etc. Ajoutons Polybe, des idées duquel Cicéron s'est souvent inspiré.

2. Cicéron place ici dans la bouche de Scipion ses propres sentiments. On sait d'ailleurs qu'il a toujours mis une certaine coquetterie à ne point paraître trop instruit des lettres grecques, et a garder la physionomie du Romain, *unus è togatis*, plus attaché aux *arts pratiques* (éloquence, jurisprudence, etc.), qu'à la spéculation métaphysique et à la curiosité artistique : ce qui ne l'empêchait pas d'aimer extraordinairement la littérature et les arts de la Grèce. (Voir sa corresp. avec Atticus, et les préfaces de ses traités philosophiques et oratoires.) — Les Athéniens avaient envoyé Métrodore à Paul-Émile, qui leur avait demandé leur plus savant homme pour l'éducation de ses fils.

que tu nous diras sera plus instructif que tous les livres des Grecs. » — *Scipion :* Tu attends des merveilles de mon discours, et, vraiment, c'est ajouter une lourde responsabilité à une tâche déjà bien délicate, quand on doit parler de si grandes choses. — *Philus :* Quelque grande que soit notre attente, tu la surpasseras, comme tu fais toujours ; et, quand tu vas nous entretenir de la république, il n'y a pas à craindre que tu restes court.

Scipion indique la méthode qu'il se propose de suivre : il commencera par définir la république, sans remonter, comme les philosophes, aux premiers principes et à l'origine de la société.

XXIV. *Scipion :* « Je ferai donc ce que vous voulez, de mon mieux ; et, en commençant, je suivrai une règle à laquelle on doit se conformer dans toute discussion, si on tient à éviter l'erreur. Il faut, quand on est d'accord sur le nom de l'objet dont on va discuter, expliquer clairement ce que ce nom signifie ; une fois qu'on se sera entendu sur la définition, on pourra entrer aussitôt en matière ; car jamais on ne saurait comprendre les conditions et les qualités de la chose dont on traite, si on n'a d'abord compris ce qu'elle est [1]. Ainsi, puisque nous nous occupons de la république, voyons d'abord quel est cet objet que nous cherchons. » —

Lœlius témoigna de son approbation, et Scipion reprit : « Je n'ai pas l'intention, en traitant d'une chose si claire et si connue, de remonter aux premiers principes, comme ont coutume de le faire nos savants ; et ainsi je ne reprendrai point les choses à la première union de l'homme et de la femme, à la première naissance et au premier groupe de la famille ; je ne définirai pas davantage chacun des termes, ni n'épuiserai tous les sens dans lesquels on les peut entendre. En effet, je sais que je parle à des hommes instruits qui, dans la plus grande république du monde, se sont trouvés mêlés avec éclat aux affaires militaires et civiles, et je ne commettrai pas la faute de faire que la chose dont je traite soit plus claire que mes explications. Enfin je

---

1. Cette méthode est familière aux anciens : Cicéron la recommande encore au commencement du *De Officiis.* « Omnis, quæ a ratione suscipitur de aliqua re, institutio, debet a definitione proficisci : ut intelligatur quid sit id de quo disputetur. » (*De Officiis,* I, 2.)

ne me suis pas chargé de vous faire la leçon en règle, comme un maître d'école, et je ne m'engage point à ne laisser échapper aucun détail. » — *Lælius :* « La méthode d'exposition que tu nous promets est précisément celle que j'attends de toi. »

Définition de la chose publique. — Détermination des trois formes simples de gouvernement.

XXV. Qu'est-ce donc que la *chose publique?* dit Scipion. C'est la *chose du peuple* [res-publica, res populi]. Un peuple n'est pas toute réunion d'hommes formée de quelque manière que ce soit, mais une association garantie par un pacte de justice, et qui repose sur une communauté d'intérêts[2]. Or, ce qui invite d'abord les hommes à se réunir, ce n'est pas tant leur faiblesse qu'un instinct naturel de société[3]. L'homme n'est pas né pour vivre isolé, errant, solitaire ; il est fait de telle sorte que même dans l'abondance de toute chose, il a *un besoin impérieux de société*[4].

[Lacune de deux pages au manuscrit. Nous suppléons par un fragment de saint Augustin et un autre de Lactance.]

..... « Qu'est-ce que la chose publique, si ce n'est la chose du peuple? C'est donc la *chose commune*, la chose de la cité. Et qu'est-ce que la cité, si ce n'est une multitude d'hommes unis par certains liens qui les rendent solidaires les uns des autres? Aussi on lit dans les écrits des

1. « La chose publique est la chose du peuple » (Villemain). Cette définition est attribuée à Varron.

2. Un peuple (*populus*) n'est pas une agrégation quelconque, et toute fortuite d'hommes ; mais une association qui repose sur un contrat qui garantit le droit de chacun des individus, et sur la communauté des intérêts. — C'est déjà la *société*, ce n'est pas encore la société régulièrement organisée.

3. L'homme est, en effet, un être éminemment sociable, et même, comme le dit Aristote (*Politique*, I), un *animal politique* : ἄνθρωπος φύσει πολιτικὸν ζῷον. — La famille est déjà d'ailleurs une société naturelle, fondée sur l'affection et l'assistance réciproques. — Ces principes, évidents par eux-mêmes et justifiés par l'histoire, réfutent suffisamment les allégations des philosophes qui admettent qu'à l'origine l'homme s'isolait de ses semblables, ou, comme le prétend Hobbes, que, l'homme étant naturellement l'ennemi de l'homme, *homo homini lupus*, l'état primitif du genre humain fut nécessairement l'état de guerre. — Comparer les sophismes par lesquels Rousseau essaie de combattre la force de l'instinct social : *Discours sur l'inégalité.*

4. Il est facile de suppléer : même dans l'abondance et la sécurité, l'homme ne peut ni ne veut se passer de l'homme. Ainsi l'*instinct sociable*, qui devient l'*esprit social*, combat en l'homme l'instinct *égoïste* et l'esprit *individuel*. L'équilibre s'établit dans les sociétés bien réglées et civilisées.

politiques romains : « *Une multitude d'hommes dispersés et errants, s'étant unie par la concorde, était devenue une cité.* » [Saint Augustin, *Lettres* 138, 10.]

« L'origine des sociétés a été diversement expliquée. Les uns rapportent que les hommes, les premiers nés de la terre, menaient une vie solitaire et vagabonde à travers les forêts et les champs, ne communiquant point entre eux par le langage, et n'avaient aucune loi commune pour les protéger et les régir : des branches d'arbre et l'herbe leur servaient de couche, les cavernes et les antres de maisons, et ils devenaient la proie des bêtes féroces et des animaux plus forts qu'eux. Alors. ceux qui avaient pu échapper à leurs attaques, ou qui avaient vu périr ainsi quelques-uns de leurs semblables, avertis de leur propre péril, s'étaient réfugiés auprès d'autres hommes, avaient imploré leur aide, et s'étaient d'abord fait entendre d'eux par gestes ; ensuite ils s'essayèrent à parler, en donnant des noms particuliers à chaque chose, de façon à ce qu'insensiblement le langage de la parole se perfectionna [1]. Mais les hommes virent bientôt que leur réunion même ne les protégeait pas suffisamment contre les bêtes féroces : ils commencèrent alors à bâtir et à fortifier des villes, soit pour avoir la nuit un repos assuré, soit pour se garantir sans combat des incursions des animaux qui ne pouvaient franchir ces remparts. Cette explication de l'origine des sociétés a paru chimérique à d'autres philosophes : ils ont dit que ce n'était pas à la crainte des bêtes féroces, mais à l'instinct éminemment social et politique de l'homme qu'il fallait rapporter la formation des premières sociétés ; les hommes se seraient donc rassemblés d'abord, parce qu'ils ont peur de la solitude, et qu'une disposition non moins naturelle les pousse à rechercher leurs semblables et à s'unir à eux [2]. » [Lactance. *Institutions* I, vi, 10.]

XXVI. ..... *Il faut admettre pour toutes choses* des semences naturelles ; car la convention ne saurait expliquer

---

1. Tout ce passage de Lactance est le développement des idées très-fausses de Lucrèce (livre V) sur l'origine du langage, et non des idées de Cicéron.

2. Ici le texte du fragment de Lactance se rapproche de la doctrine exposée par Cicéron, et qui est la vraie.

ni l'origine des vertus, ni celle de l'état social[1]. Ces réunions, formées par le principe dont j'ai parlé, se donnèrent d'abord une demeure fixe et s'établirent dans un certain lieu : ce lieu, choisi dans une position naturellement forte ou fortifiée par leurs travaux, et abritant l'assemblage des habitations de chacun, fut appelé citadelle ou ville ; on y éleva des temples, on y traça des places destinées à l'usage public. Or, tout peuple, c'est-à-dire toute réunion ou association régulière d'hommes ; toute cité, c'est-à-dire toute constitution d'un peuple ; toute république, c'est-à-dire, comme je l'ai dit, toute chose du peuple, ne peut se maintenir qu'à la condition d'être régie par une autorité prévoyante. Cette autorité doit toujours se rapporter au principe même qui a produit la cité. Elle peut être attribuée à un seul homme, ou exercée par quelques hommes choisis, ou prise par la multitude et la totalité des citoyens[2]. Quand tout le pouvoir est concentré dans les mains d'un seul, nous appelons ce chef suprême roi, et royauté cette forme de gouvernement. Lorsqu'il est confié à quelques hommes choisis, on dit alors que cette cité a une constitution aristocratique. Quand le peuple est tout dans l'État, c'est le gouvernement populaire. Chacun de ces trois genres de gouvernement, s'il réussit à maintenir le lien qui a réuni les hommes en société par l'intérêt commun, peut devenir sinon parfait et excellent, du moins tolérable[3] ; en sorte que l'on pourra, selon les circonstances, préférer l'un

---

1. Il n'y a pas eu plus *de convention* pour instituer l'état social que pour instituer les autres vertus. Cicéron condamne ici l'hypothèse d'un *contrat social,* et rend un bel et juste hommage à l'*idée* première et naturelle, comme au *sentiment* spontané du bien chez l'homme. Tout autre fondement donné à la morale et à l'ordre social est un fondement artificiel et ruineux. On peut organiser plus ou moins savamment une société ; mais ni la *volonté arbitraire* d'un législateur, ni un *contrat* d'aucune espèce ne peuvent décréter la vertu et le respect de l'ordre. (Voir nos *Résumés de philosophie,* pages 52 et 198.)

2. 1º La *monarchie,* 2º l'*oligarchie aristocratique,* 3º le gouvernement de la multitude et de tous ou *démocratie.* Voir Polybe, Montesquieu et spécialement Aristote (*Politiq.,* III, V). Tacite (*Annales,* III, 26, IV, 33), et Platon (*Républiq.,* VII, et *Lois,* III). Il y a des nuances à distinguer selon que ces pouvoirs sont absolus ou tempérés (despotisme, dictature oligarchique, démagogie ou ochlocratie). Comparer Hérodote : *Thalie,* 80 et suiv.

3. Il n'y a pas, en effet, de forme de gouvernement absolument parfaite en soi. On verra que Cicéron penche pour une forme *mixte,* où les divers pouvoirs se feraient équilibre et se limiteraient mutuellement. C'est presque la théorie *constitutionnelle* de la *pondération* des pouvoirs.

à l'autre. Un roi équitable et sage, une élite de bons citoyens, le peuple lui-même (quoique le pire des États soit l'État populaire[1]), s'ils se défendent contre les injustices et les passions qui se jettent à la traverse, peuvent donner à la société et à l'État une certaine stabilité.

Inconvénients des trois formes de gouvernement : décadence et corruption inévitables de l'institution primitive.

XXVII. Mais dans les monarchies, tout ce qui n'est pas le monarque est trop dépouillé de tout droit et de toute participation aux affaires. Quand ce sont les nobles qui gouvernent, le peuple est à peu près sevré de liberté, puisqu'il est privé de tout pouvoir et exclu de toute délibération publique. Enfin, quand tout se fait par le peuple, alors même qu'il se montre équitable et modéré, cependant cette égalité absolue constitue une véritable iniquité[2], puisqu'elle n'admet aucune distinction pour le mérite. Aussi, que Cyrus, roi de Perse, ait été le plus juste et le plus sage des rois[3], je ne saurais pourtant, je l'avoue, trouver fort désirable cette *chose du peuple* (c'est ainsi que j'ai défini la *chose publique* ou l'État) qui dépendait du bon plaisir et du pouvoir discrétionnaire d'un seul homme. D'autre part, si les Marseillais, nos clients, sont administrés avec la plus grande justice par quelques citoyens principaux, il y a cependant dans cette condition d'un peuple une certaine analogie avec l'état de servitude. Enfin, lorsque les Athéniens, à une certaine époque, supprimèrent l'aréopage pour laisser tout le pouvoir à l'initiative et à la décision du peuple, alors cette confusion de tous les rangs, où le mérite ne trouvait plus à se faire sa place, privait la cité de son plus utile ornement.

XXVIII. Je viens de signaler les inconvénients qui sont inhérents aux trois formes de gouvernement, non quand les États sont troublés et bouleversés, mais même quand

1. Cicéron, non plus d'ailleurs que les philosophes et les théoriciens politiques de l'antiquité, n'est pas favorable à la démocratie : « Nihil unquam mihi populare placuit, » dit-il quelque part.

2. Cette égalité absolue devient une injustice, en faisant abstraction du mérite individuel.

5. Cicéron fait la critique des trois espèces de gouvernement par l'exemple de Cyrus, des Marseillais et des Athéniens.

ils conservent leur institution primitive et régulière. Ces trois formes simples ont d'abord, chacune en soi, les vices que j'ai indiqués ; mais elles ont encore d'autres défauts qui deviennent également des causes de ruine ; car chacune d'elles est en quelque sorte sur une pente glissante qui l'entraîne rapidement à un certain excès tout voisin, et qui vient de son principe même. Ainsi, revenons à ce Cyrus que je devrais appeler, pour bien dire, un roi supportable, que j'appellerai, si vous le voulez, un prince digne d'amour : eh bien ! le meilleur des rois a toujours l'exemple de Phalaris, ce monstre de cruauté, qui se présente à lui comme un prétexte trop commode pour changer de caractère ; et ainsi la domination absolue d'un seul glisse facilement sur la pente d'une aussi odieuse tyrannie. A côté de cette sage administration de l'aristocratie de Marseille, je vois chez les Athéniens cette faction des Trente qui se forma à une certaine époque pour les opprimer. Enfin, pour ne pas sortir d'Athènes, la démocratie absolue se portant aux derniers excès de la licence et de la folie, précipita la ruine du peuple[1].

[Lacune de deux pages.]

XXIX. ..... *De cette corruption de l'institution primitive* sort le pouvoir des grands, ou une obligation tyrannique, ou la royauté, ou très-souvent même un Etat populaire ; et celui-ci, à son tour, peut donner naissance à quelques-uns de ceux que j'ai déjà nommés. Il y a aussi dans les diverses vicissitudes et révolutions des Etats des retours singuliers[2] qui les enchaînent et les ramènent comme dans un cercle vicieux. Si le sage politique doit chercher à saisir la loi de ces évolutions fatales, celui-là est un grand citoyen, un homme vraiment inspiré des dieux, qui en calcule l'approche, et règle, d'après ces prévisions, le cours des événements, en les retenant pour ainsi dire en sa

1. Comp. Montesquieu , *Esprit des Lois,* VIII : De la corruption des principes des trois gouvernements. « La corruption de chaque gouvernement commence presque toujours par celle des principes.... Alors les meilleures lois deviennent mauvaises et se tournent contre l'Etat. »

2. Comp. la théorie de Vico sur les vicissitudes et les retours périodiques (*ricorsi*) des choses humaines.

main. Aussi je crois qu'il y a une quatrième forme politique supérieure à toutes les autres, et qui résulte du mélange et de l'équilibre habilement maintenu des trois formes simples dont j'ai déjà parlé. »

XXX. *Lælius :* « Je sais, Scipion, que c'est là en effet ton sentiment, et je t'ai souvent entendu exprimer ta préférence pour cette forme mixte. Mais je désirerais savoir de toi quel est celui des trois systèmes de gouvernement simple que tu juges le meilleur. Il y aura vraiment profit..... »

[Lacune de deux pages.]

Discussion sur la valeur absolue et relative des trois formes de gouvernement simple : monarchie, aristocratie, démocratie.

XXXI. *Scipion.....* « Chaque espèce de gouvernement vaut selon la nature et la volonté de celui qui la régit. Aussi la liberté ne peut-elle élire domicile que dans la cité où le peuple a la puissance souveraine. Or, la liberté est le plus grand des biens, et elle ne saurait exister sans l'égalité. Et comment cette liberté égale pour tous pourrait-elle se rencontrer, je ne dis pas dans une monarchie où la servitude n'est pas même dissimulée ou contestée, mais dans ces États où tous les citoyens ne sont libres que de nom ? Ils donnent leurs suffrages, ils délèguent les commandements militaires et civils ; on les sollicite, on brigue leur faveur ; mais en somme ils accordent des choses que, de gré ou de force, il leur faudrait toujours donner, et les pouvoirs qu'ils confèrent ne leur appartiennent réellement pas : car ils ne sont point admis au commandement des armées, aux délibérations des conseils, au partage des hautes attributions judiciaires, priviléges qui dépendent de l'ancienneté, de la noblesse ou de la fortune. Au contraire, chez un peuple libre, comme à Rhodes, à Athènes, il n'est pas un citoyen *qui ne puisse prétendre à tout*[1]...

1. Il n'y a pas un citoyen à qui tous les emplois ne soient accessibles (principe de l'égalité civile). L'égalité de tous les citoyens devant la loi, la faculté laissée à tous d'arriver à toutes les charges de l'État sont les principes constitutifs du droit moderne, en vigueur chez les nations les plus civilisées.

[Lacune de deux pages.]

XXXII. Ecoutons les apologistes de la démocratie : que dans une nation s'élèvent un ou plusieurs hommes riches et opulents, bientôt, disent-ils, leurs mépris et leurs prétentions orgueilleuses enfantent les priviléges, devant lesquels se courbent les lâches et les faibles, pliant sous l'insolence des riches. Mais l'Etat où le peuple maintient tous ses droits est, selon ces politiques, le meilleur, le plus libre et le plus heureux, parce qu'alors le peuple est le maître et l'arbitre souverain des lois, des jugements, de la paix, de la guerre, des alliances, de la vie et de la fortune de chaque particulier : voilà le seul gouvernement qu'on puisse appeler du nom de république, c'est-à-dire de chose du peuple. Aussi arrive-t-il souvent que le peuple secoue la domination des rois ou des patriciens, pour revendiquer les droits de son indépendance, tandis qu'on ne voit pas de peuple libre demander un roi, ou se mettre volontairement sous la domination des grands[1]. Ils prétendent qu'on ne doit pas s'autoriser des excès de la licence chez certains peuples pour condamner et proscrire tout gouvernement libre[2] : car il n'est pas de situation plus stable ni plus forte que celle d'une république où règne la concorde, et où le peuple rapporte tout au maintien de la constitution et de la liberté ; et cette concorde s'établit très-facilement, quand tous les citoyens ont les mêmes intérêts, puisque c'est du conflit des intérêts, quand l'utilité de l'un n'est pas celle de l'autre, que naissent toutes les dissensions[3]. Aussi soutiennent-ils que jamais le gouvernement aristocratique n'a réussi à donner des garanties de stabilité, et que cette stabilité est encore plus rare dans les monarchies où, comme le dit Ennius, « il n'y a ni droit commun, ni loi, ni foi[4]. »

---

1. Est-il exact de dire que jamais les excès de la démocratie n'ont frayé les voies au despotisme oligarchique ou monarchique ?

2. Les excès, la licence d'une démagogie furieuse ne prouvent rien contre une sage liberté. C'est vrai : mais il est mal aisé de trouver et de garder la mesure.

3. Sans doute, mais c'est précisément ce qui n'arrive guère, même dans les moments de crise, où la question de *salut public* semble dominer et absorber toutes les autres, ou justifier tous les excès.

4. On ne peut concevoir, en effet, deux rois ayant exactement le même pouvoir, de droit ou de fait : l'un absorbera l'autre infailliblement. Il faut ou concentrer ou diviser davantage la souveraineté.

Or, si la loi est le lien de la société civile, et si le principe même de la loi est l'égalité, quels peuvent être les droits d'une société dont tous les membres ne sont pas sur le pied d'égalité? Sans doute on peut ne pas vouloir établir l'égalité des fortunes, et l'égalité des esprits et des talents est à bon droit réputée chimérique; mais du moins les droits doivent être égaux pour tous les membres de l'association, pour tous les citoyens d'une république. Qu'est-ce, en effet, qu'une cité, sinon une société fondée sur l'égale participation à un droit commun [1]?.....

[Lacune de deux pages.]

XXXIII. Quant aux autres constitutions politiques, ces philosophes ne veulent même pas qu'on leur donne les noms dont elles prétendent être appelées. Pourquoi, disent-ils, irai-je donner ce titre de *roi*, réservé à Jupiter très-bon, à un homme avide de commander, et de commander seul, en opprimant le peuple? pourquoi ne l'appellerai-je pas plutôt *tyran?* Après tout, un tyran peut être aussi doux qu'un roi peut se rendre odieux. Il ne s'agit pour le peuple que d'être esclave sous un maître commode ou intraitable; mais quant à ne point être esclave, c'est là ce qui ne se peut faire. Comment Lacédémone, même au plus beau temps de son institution, qui passait pour incomparable, pouvait-elle être assurée d'avoir toujours des rois justes et bons, puisqu'elle ne pouvait choisir ses rois que parmi les descendants, quels qu'ils fussent d'ailleurs, d'une race royale? Quant aux *aristocrates* [2], comment souffrir des hommes qui se sont décerné à eux-mêmes ce titre, sans consulter le peuple et par leurs propres votes? Où est-il, en effet, parmi eux, cet homme jugé le *meilleur* (ἄριστος) par la science, le talent, les services?

[Lacune de quatre pages.]

Apologie du gouvernement aristocratique, qui doit être fondé non sur la naissance ou sur la richesse, mais sur la vertu.

...... « N'est-il pas évident que, si une société prend au

1. C'est l'égalité des citoyens devant la loi, sans acception des inégalités d'intelligence et de fortune.

2. Les aristocrates, le gouvernement des meilleurs : optimates — optimi. ἄριστοι.

hasard ceux qu'elle charge du soin de la conduire, elle
périra aussi rapidement qu'un vaisseau où l'on mettrait
indifféremment au gouvernail[1] tel ou tel passager désigné
par le sort? Mais si un peuple est libre, il choisira lui-
même ceux auxquels il veut se confier; et, s'il veut sa
propre conservation, il ne fera choix que des meilleurs
citoyens. On ne peut douter, en effet, que de la sagesse des
meilleurs citoyens ne dépende le salut des Etats, surtout
si l'on vient à songer que la nature elle-même veut que
les hommes supérieurs par la vertu et par le caractère commandent aux plus faibles[2], et qu'elle inspire aux plus faibles
le désir d'obéir aux hommes supérieurs. Mais on prétend
que cette forme excellente de gouvernement a été compro-
mise et pervertie par les fausses idées du vulgaire qui,
incapable de juger du vrai mérite, aussi difficile peut-être
à reconnaître que rare à trouver, prend pour les *meilleurs*
des hommes ceux qui ont le plus de puissance, de richesses
ou de naissance[3]. A la faveur de cette grossière confusion
du vulgaire, c'est la puissance qui usurpe dans l'Etat la
place qui n'était due qu'à la vertu; et on voit ces aristocrates de contrebande garder obstinément un nom qui, ne
convenant qu'à la vertu, leur convient moins qu'à tout
autre. Car les richesses, le nom, la puissance, séparés de
la sagesse, et sans la science de se conduire et de conduire
les autres, ne sont plus que des sujets de honte et d'inso-
lente vanité; et il n'est pas de cité dont l'aspect soit plus
affligeant que celle où les plus riches sont considérés
comme les meilleurs. Mais quand c'est la vertu qui gouverne l'Etat, que peut-on imaginer de plus beau[4], alors
que celui qui commande aux autres n'est lui-même l'esclave
d'aucune passion, lorsqu'il réunit en sa personne et dans
les exemples de sa vie tous les genres de mérites auxquels
il prétend former et amener ses concitoyens; lorsqu'il

---

1. Scipion se fait maintenant l'avocat de la forme aristocratique. — Il faut comprendre : Si l'Etat choisit ses guides au hasard. — La comparaison qui suit est empruntée à Platon.

2. Observation psychologique très-fine et très-juste.

3. Cicéron repousse l'aristocratie *d'argent* et même de *naissance*, et semble n'admettre que celle du *mérite*.

4. C'est un magnifique *idéal*, en effet, que Cicéron emprunte ici à Platon (*République*, V).

n'impose au peuple aucune loi à laquelle il ne se soumette lui-même tout le premier; lorsqu'enfin il est lui-même une sorte de loi vivante proposée en modèle à tous les autres? Si un seul homme pouvait suffire à tout, il ne serait pas besoin de plusieurs; et si l'ensemble de tous les citoyens pouvait apercevoir le bien et s'entendre toujours sur ce point, personne ne demanderait qu'on fît choix de quelques chefs. C'est la difficulté qu'il y a à prendre de sages décisions qui a fait passer le pouvoir du roi aux grands; c'est l'ignorance et la témérité des peuples qui a transporté la puissance des mains de la multitude dans celles du petit nombre. Voilà comment, entre l'impuissance d'un seul et les égarements de la foule, l'aristocratie tient le milieu : et c'est le meilleur équilibre qu'on puisse trouver[1]. Tant que cette aristocratie du mérite administre la chose publique, les peuples jouissent nécessairement du plus grand bonheur, étant affranchis de tout souci et de toute préoccupation, puisqu'ils ont commis le soin de leur repos à des protecteurs qui doivent l'assurer[2], et ne jamais autoriser le peuple à croire que ses intérêts sont négligés par les grands. Quant à cette égalité des droits à laquelle s'attachent les peuples libres, elle ne saurait jamais se maintenir : car les nations les plus indépendantes et les plus ennemies de tout frein ont pourtant des complaisances singulières pour beaucoup de personnes : elles s'entendent même à faire la distinction des hommes et des honneurs qu'ils méritent. Ajoutez que cette prétendue égalité serait la plus injuste du monde[3]. Si on traite avec le même honneur les hommes les plus éminents et cette foule infime qui se trouve nécessairement dans tout peuple, l'équité ainsi entendue est le comble de l'iniquité. C'est ce qui n'arrivera jamais dans les gouvernements aristocratiques. Ces arguments et quelques autres du même genre, Lælius, sont

---

1. Cette théorie flatteuse et spécieuse n'est malheureusement pas justifiée par l'histoire.

2. Cette espèce d'abdication est un triste avantage.

3. Le jeu de mots (*æquitas iniquissima*) rend fortement la pensée; l'égalité extrême devient une extrême injustice (inégalité). — Autant que « le ciel est éloigné de la terre, autant le véritable esprit d'égalité l'est-il de l'esprit d'égalité extrême. » (MONTESQUIEU, *Esprit des Lois*, VIII.)

ceux qu'invoquent le plus souvent ceux qui tiennent pour cette forme particulière de constitution.

Apologie de la monarchie. — C'est Scipion lui-même qui en fait valoir le mérite particulier, quoiqu'il trouve de beaucoup préférable une forme de gouvernement mixte fondée sur l'équilibre ou la pondération des trois espèces de pouvoirs.

XXXV. Lœlius demanda alors à Scipion : « Mais de ces trois formes de gouvernement, quelle est celle que tu approuves le plus? » *Scipion* : « Tu fais bien de demander celle que j'approuve le plus; car je n'approuve aucune des trois formes séparément, et je préfère à chacune d'elles celle qui les réunit et les combine toutes[1]. Si pourtant il fallait s'en tenir à la simplicité et à l'unité de telle ou telle de ces formes, j'approuverais entre toutes et je préférerais le gouvernement royal. Il y a d'abord dans le titre de *roi* quelque chose qui rappelle le titre de *père* : c'est un chef de famille qui veille sur les citoyens comme sur ses enfants, et a plus à cœur d'assurer le salut de son peuple que de le réduire en esclavage : il semble alors que c'est un véritable avantage pour les faibles d'être protégés par un homme très-puissant et très-bon, qui les soutient de ses ressources et de son intelligence. Mais voici que les grands se présentent aussi, s'engageant à rendre cette protection plus efficace encore : ils assurent qu'il y a plus de lumières dans plusieurs que dans un seul, et qu'on peut trouver en outre dans une assemblée tout autant d'équité et de bonne foi. Enfin, entendez-vous le peuple qui nous crie de toutes ses forces qu'il ne veut être l'esclave ni d'un seul ni de plusieurs; que pour les animaux eux-mêmes rien n'est plus doux que la liberté, et qu'il faut également la perdre, soit qu'on serve un roi ou des grands? Aussi les rois nous prennent par l'attrait de l'affection, les grands par celui de la sagesse, le peuple par celui de la liberté; la comparaison rendra notre choix difficile. — *Lælius* : «Je le crois, mais il sera malaisé d'aborder les autres difficultés de la question, si nous n'éclaircissons ce point. »

1. Cicéron avoue ici encore ouvertement sa préférence pour le gouvernement *mixte*.

XXXVI. *Scipion.* — « J'imiterai donc Aratus qui, au début d'un ouvrage où il doit traiter de grandes choses, croit devoir invoquer d'abord Jupiter[1]. » — *Lælius :* « Pourquoi Jupiter? ou quel rapport y a-t-il entre le poëme d'Aratus et notre discussion? » — *Scipion :* « Il nous avertit de prendre pour ainsi dire les auspices en remontant d'abord à celui que d'une commune voix les savants et les ignorants appellent le seul *roi* des dieux et des hommes. » — « Comment? dit Lælius. » — *Scipion :* « Ne vois-tu donc pas ce qui saute aux yeux? En effet, de deux choses l'une : ou ce sont les chefs des nations qui dans un intérêt moral et pratique ont établi cette croyance à un maître unique, seul roi du ciel, qui d'un froncement de sourcil, comme dit Homère, ébranle tout l'Olympe, et qui doit être adoré comme le roi et le maître de tous les êtres[2]; et dans cette hypothèse, nous avons en faveur de la royauté des autorités imposantes et de nombreux témoins, puisque nous voyons que la plupart des nations, pour ne pas dire toutes, ont reconnu, par les décrets de leurs chefs, l'excellence de la monarchie en s'accordant à penser que les dieux sont gouvernés par un seul roi — ou ces croyances reposent sur l'erreur des ignorants, et ne sont que des fables : et alors consultons du moins ces précepteurs publics de tous les hommes éclairés, qui ont vu de leurs yeux en quelque sorte ce que nous savons à peine par ouï dire. » — « Quels sont donc ces hommes? » dit Lælius. — « Ceux, répondit Scipion, qui, en cherchant à pénétrer les secrets de la nature, ont compris que tout ce vaste univers est régi par une intelligence.....

[Lacune de quatre pages au manuscrit. Scipion cherchait sans doute dans les croyances religieuses l'origine des sociétés et le principe de l'institution monarchique. — Nous traduisons ici le passage de Lactance par lequel Angelo Maï croit que l'on peut combler cette lacune... (*Lactance,* Epit. IV).]

« .... Platon pose le principe de la royauté, quand il dit qu'il n'y a qu'un Dieu, qui a formé et ordonné le monde

---

1. Comparer les formules usitées par les poëtes : Ἐκ Διὸς ἀρχώμεσθα. Ab Jove principium.

2. Hypothèse insoutenable : pas plus que la vertu, la croyance à un dieu unique n'est une fiction politique des premiers législateurs.

avec une admirable sagesse. Aristote son disciple affirme que le monde est régi par une intelligence unique[1]. Antisthène dit qu'il n'y a dans la nature qu'un seul Dieu qui gouverne tout ce qui existe. Nous aurions trop à faire de rassembler ici ce qu'enseignaient sur la divinité suprême Thalès, Pythagore et Anaximène, et, longtemps après eux, les stoïciens, Cléanthe, Chrysippe, Zénon et Tullius luimême : tous affirmaient que l'univers est régi par un seul Dieu. Hermès qui par sa vertu et sa grande science mérita le nom de *Trois fois très-grand* (*Trismégiste*), et dont les doctrines sont bien antérieures aux systèmes des philosophes, Hermès honoré chez les Égyptiens comme un Dieu, adresse des louanges infinies à la majesté du Dieu unique, lui donne le nom de maître et de père...... (Lactance, *Épit.* IV).

XXXVII. ..... *Scipion :* « Mais, si tu le veux, Lælius, je puis te produire des témoins qui ne sont ni trop anciens, ni barbares en aucune façon. » — *Lælius :* « Je m'en accommoderais fort. » — *Scipion :* « Tu sais qu'il n'y a pas encore quatre cents ans que Rome n'est plus gouvernée par des rois. » — Je le sais. — Et que sont quatre cents ans dans l'âge d'une ville ou d'un État? Est-ce une longue durée? — C'est à peine l'âge adulte.—Ainsi donc, il y a moins de quatre cents ans, Rome avait un *roi*. —Et même un roi *superbe*. — Et avant celui-là? — Un roi très-juste, et ainsi de suite, en remontant jusqu'à Romulus qui, six cents ans auparavant, était roi. — Romulus lui-même n'est donc pas fort ancien? —Nullement; car, de son temps, la Grèce était presque déjà sur son déclin. — Dis-moi maintenant, Romulus étaitil roi d'un peuple barbare? —Si, comme les Grecs le prétendent, tous les hommes sont ou des Grecs ou des Barbares[2], je crains fort que Romulus n'ait été un roi de barbares ; mais si l'on doit juger de la nature d'un peuple par ses mœurs et non par sa langue, je ne crois pas les Romains plus barbares que les Grecs[3]. » — Scipion reprit : « Dans la

---

1. « . . . . . Totum infusa per orbem
» Mens agitat molem, et magno se
    [corpore miscet. »
(VIRGILE, liv. VI.)

2. Les Grecs appelaient barbare (*étranger*) tout ce qui n'était pas Grec.

3. Lælius se trompe, et l'amour-propre national lui fait illusion : les con-

question qui nous occupe, nous devons tenir moins de compte de la race que de l'influence des hommes éclairés. Si donc, à une époque peu ancienne, des esprits sages ont voulu être gouvernés par des rois, ce sont bien là des témoins qui ne sont ni trop anciens ni barbares. »

XXXVIII. « Je vois, Scipion, que les autorités ne te manquent point ; mais auprès de moi, comme auprès de tout juge scrupuleux, les raisons ont plus de valeur que les témoins. — Emprunte donc, Lælius, des raisons et des preuves à ta propre expérience. — Quelle expérience ? — Ne t'arrive-t-il point, par exemple, de te sentir en colère contre quelqu'un ? — Cela m'arrive, et plus souvent que je ne voudrais. — Eh bien, quand tu es en colère, permets-tu à cette passion de prendre l'empire sur ton âme ? — Non, par Hercule ; mais j'imite alors cet Archytas de Tarente qui, étant venu à sa maison de campagne, y trouva toute chose autrement qu'il n'avait ordonné. « Malheureux, dit-il à son fermier, je t'aurais déjà tué de coups si je n'étais en colère. » — A merveille, dit Scipion ; Archytas regardait donc la colère, j'entends celle qui est contraire à la raison, comme une véritable sédition de l'âme, qu'il voulait apaiser par la réflexion. Comptons encore la cupidité, l'amour insensé du pouvoir et de la vaine gloire, toutes les passions, et tu verras que, s'il y a dans l'âme comme une sorte d'autorité royale, tout en elle sera soumis au seul empire de la raison : car la raison est la meilleure partie de notre âme, et, là où elle est maîtresse, il n'y a plus de place pour la colère ni pour l'aveuglement de la passion [1]. — Assurément. — Approuves-tu donc une âme ainsi disposée ? — Absolument. — Tu ne pourrais donc approuver que les mauvais désirs, qui sont innombrables, et les passions, après avoir détrôné la raison, envahissent toute l'âme humaine ? — Je déclare ne rien connaître de plus misérable qu'une telle âme, et un homme animé par une

---

temporains et les successeurs de Romulus durent leur civilisation naissante aux Etrusques et aux Grecs.

1. Deux parties dans l'âme, selon Platon (voir : *le Phèdre et la Républiq.*) : la *raisonnable*, νοῦς, — et l'*animale*, τὸ ἐπιθυμητικόν. — Le Νοῦς, cocher de l'âme, doit diriger les deux *puissances* principales de l'âme : le θυμός, courage, passion généreuse (le cheval blanc), et le ἐπιθυμητικόν, passion basse et rétive (le cheval noir).

telle âme. — Tu veux donc que toutes les parties de l'âme soient soumises à une sorte de gouvernement royal, à l'empire absolu de la raison? — Mais je l'entends bien ainsi. — Comment peux-tu donc éprouver quelque embarras sur le gouvernement qui convient aux États? Partout où le pouvoir est partagé, on conçoit qu'il ne peut plus y avoir d'autorité souveraine; car si la souveraineté est divisée, elle n'existe plus [1]. »

XXXIX. « Mais, dit Lœlius, qu'importe le gouvernement d'un seul ou de plusieurs, si la justice se trouve *également* chez ceux-ci? » — *Scipion :* « Comme je m'aperçois, Lœlius, que l'autorité de mes témoins ne te touche que fort peu, je vais encore en appeler à ton propre témoignage pour prouver ce que j'avance. — De quelle façon? — Dernièrement, lorsque nous étions ensemble à Formies, j'ai fort bien remarqué que tu enjoignais expressément à tes esclaves de ne prendre les ordres que d'une seule personne. — Oui, assurément; les ordres de mon fermier. — Et à Rome, as-tu confié tes affaires à plusieurs intendants? — Point du tout : je n'en ai qu'un. — Enfin, dans le gouvernement général de ta maison, y a-t-il un autre maître que toi [2]? — En aucune façon. — Que ne m'accordes-tu donc aussi que, dans un État, le pouvoir d'un seul, pourvu qu'il soit juste, est le meilleur de tous? — Il faut bien que j'en vienne là, et je suis presque de ton avis. »

XL. « Tu vas te rendre plus facilement encore à mes raisons, mon cher Lœlius; laissons de côté la comparaison du pilote et du médecin qui, lorsqu'ils sont dignes de leurs fonctions, peuvent beaucoup mieux répondre tout seuls de la conduite d'un vaisseau ou du salut d'un malade que ne le feraient plusieurs : passons à des considérations plus élevées. — Quelles considérations? — Quoi! ne vois-tu pas que, si le nom de roi est en horreur chez nous, c'est la

---

1. Ceci reste à démontrer. Du reste, toute cette politique est celle de Platon, qui maintient la division des *castes*, division calquée sur la division psychologique des facultés de l'âme. Les magistrats représentent dans la cité le λόγος; les guerriers, le θυμός; les artisans, l'ἐπιθυμητικόν.

2. Le père de famille était roi, souverain de sa maison. Les mœurs et les institutions des modernes ont restreint ce droit absolu et discrétionnaire du père de famille.

cruauté et l'insolence du seul Tarquin qui en sont la cause.
— Assurément. — Tu sais fort bien aussi (et je serai amené
par la suite de ce discours à insister sur ce point) qu'après
avoir expulsé Tarquin, le peuple triomphant abusa de sa
liberté nouvelle d'une étrange façon : on vit alors des inno-
cents exilés, les biens de beaucoup de citoyens mis au pillage, les consulats annuels, les faisceaux inclinés devant
le peuple, le droit d'appel étendu à toutes choses, la retraite des plébéiens sur le mont Aventin, enfin un régime
et une conduite des affaires qui mettaient tout le pouvoir
entre les mains du peuple. — Il est vrai. — Mais cela, reprit Scipion, se passait en temps de paix et de sécurité ; il
est bien permis de se donner quelque licence, quand on n'a
rien à craindre, comme dans une navigation paisible ou une
indisposition peu sérieuse ; mais quand la tempête s'élève,
quand la maladie s'aggrave, alors navigateurs et malades
implorent le secours d'un seul. Ainsi le peuple de Rome,
en temps de paix et dans ses foyers, commande, menace
ses magistrats, refuse d'obéir à leurs ordres, en appelle de
leurs arrêts, les cite à son tribunal ; mais en temps de
guerre, il leur obéit comme des sujets obéiraient à un roi ;
car l'intérêt du salut public l'emporte sur la passion [1]. Il y
a plus : dans les guerres les plus importantes, nos Romains
ont voulu que tout le pouvoir fût dans les mains d'un seul
homme, dont le nom même indique la grande puissance.
On l'appelle *dictateur*, parce qu'il est *dit* ou proclamé (*quia
dicitur* [2]) par un consul ; mais dans nos livres, tu le vois
appelé maître du peuple. — En effet. — Nos ancêtres firent
donc sagement.....

[Lacune de deux pages.]

XLI. ..... *Scipion :* Lorsque le peuple est orphelin d'un
roi juste, alors, comme le dit Ennius en parlant de la mort
d'un excellent prince :

« Les cœurs les plus durs sont touchés de regrets — et

---

1. Ce sont, en effet, les excès de la liberté qui précipitent le peuple au-devant
de la dictature.

2. Cette étymologie suspecte nous
vient de Varron. Pourquoi *dictator* ne
viendrait-il pas de *dictare*, celui qui *dicte*
des lois ?

» on entend ces cris de douleur : ô Romulus, divin Ro-
» mulus, véritable père de la patrie donné par les dieux !
» ô notre protecteur, notre père ! ô digne fils des dieux ! »

Remarquez qu'ils n'appellent point maîtres ni seigneurs
ceux qui leur ont commandé avec justice : ils ne leur donnent même pas le nom de rois ; ils les appellent les gar-
diens de la patrie ; ils leur donnent les noms de pères et
de dieux. Et ils avaient raison. Voyez ce qu'ils ajoutent :

« C'est à toi que nous devons la lumière et la vie. »

Ils pensaient donc que c'était la justice du roi qui leur
avait donné la vie, l'honneur, la gloire. Ces sentiments
seraient restés ceux de leur postérité, si les rois étaient
demeurés les pères de leurs sujets ; mais l'iniquité d'un
seul suffit pour faire tomber tout ce système de gouvernement royal. » — « En effet, et je serais curieux de connaître
la marche de ces grandes révolutions et dans notre propre
république et dans les autres États. »

Retour sur le vice originel et radical de chacune de ces formes
simples de gouvernement. — Corruption et décadence de l'institution monarchique, remplacée par l'oligarchie, qui est débor-
dée à son tour par la multitude. — Anarchie (d'après la République de Platon) ; ses effets désastreux ; corruption de la
famille et de la cité. — Réaction inévitable : l'excès de la licence
produit l'oppression, en justifiant la tyrannie et la rendant nécessaire ; la tyrannie provoque une nouvelle révolution : de là le
cercle vicieux dans lequel paraissent tourner totalement les institutions politiques.

XLII. « Lorsque j'aurai exposé mon sentiment sur la
forme de gouvernement que je crois supérieure aux autres,
je devrai vous parler en détail de ces révolutions des États,
quoique je pense qu'elles soient peu à craindre dans un
gouvernement organisé comme je l'entends. Dès à présent,
nous pouvons dire que la royauté renferme en elle un premier
et inévitable germe de révolution[1] : dès qu'un roi devient
injuste, la royauté disparaît pour faire place à la tyrannie :
la tyrannie, qui est le pire des pouvoirs, est ainsi le voisin

1. Les révolutions sont infaillibles dans une monarchie absolue. « Le principe du gouvernement despotique se cor-rompt sans cesse parce qu'il est corrompu de sa nature. »
MONTESQ., *Esprit des Lois*, VIII, 10.

du meilleur. Lorsque le tyran est renversé par les grands, ce qui arrive d'ordinaire, l'État prend alors la seconde des trois formes simples : c'est une sorte de conseil de famille qui a quelque chose encore de royal, étant tout paternel, formé par les grands qui veillent aux intérêts du peuple. Si c'est le peuple lui-même qui a tué ou chassé le tyran, il se montre assez modéré, tant qu'il a de bons sentiments et des idées sages [1] : et la satisfaction que lui donne sa victoire l'encourage d'abord à maintenir l'ordre nouveau qu'il a établi. Mais si le peuple a porté la main sur un roi juste, ou l'a privé du trône ; ou, ce qui arrive plus souvent, s'il a goûté du sang des grands et immolé tout l'État à ses furieux caprices, sache bien qu'il n'est point de tempête, point d'incendie qu'il ne soit plus facile d'apaiser que les excès d'une multitude déchaînée et sans frein.

XLIII. Il arrive alors ce que Platon décrit si admirablement, et ce que je voudrais exprimer dans notre langue : l'entreprise est mal aisée, je la tenterai du moins [2].

« Lorsque, dit-il, le peuple est dévoré d'une soif intarissable de liberté et que, servi par des échansons pervers, il a bu à la coupe de cette liberté sans mélange dont ils lui versent l'ivresse, alors ses magistrats et ses chefs, s'ils ne sont relâchés et complaisants, s'ils ne lui prodiguent la liberté, il les poursuit, les accuse, les dénonce ; il les appelle dominateurs, rois, tyrans. » — Tu connais, je pense, ce passage. — Parfaitement. — Et la suite : « Alors ceux qui obéissent aux magistrats sont tourmentés par le peuple qui les appelle esclaves volontaires ; au contraire tous ceux qui, dans les magistratures, affectent l'égalité populaire, tous ceux qui s'appliquent, dans la vie privée, à faire qu'il n'y ait aucune différence entre un magistrat et un simple citoyen, ceux-là sont élevés aux nues et accablés d'honneurs. Il est nécessaire que dans une telle société tout re-

---

1. « Il se montre plus modéré de toute la force de sa raison et de ses lumières. » (VILLEMAIN.) — Le peuple n'use pas toujours avec cette modération de la victoire.

2. Cicéron a souvent traduit heureusement le texte de Platon. On sait que nous avons de lui une traduction presque littérale d'une partie du *Timée*. — Ici, c'est un passage du VIIIe livre de la *République*, qu'il s'efforce de rendre fidèlement (Livre VIII, 6, 16, et le chapitre 14 presque en entier).

gorge de liberté ; que la famille, même dans son administration intérieure, soit dépourvue d'autorité, et que cette contagion paraisse gagner jusqu'aux animaux. Le père craint le fils, le fils méprise son père, toute pudeur disparaît pour faire place à une liberté sans frein ; il n'y a plus de différence entre le citoyen et l'étranger ; le maître a peur de ses élèves et les flatte, et les disciples prennent les maîtres en dédain ; les jeunes gens s'arrogent l'autorité des vieillards, les vieillards se laissent aller aux amusements de la jeunesse, pour ne pas lui être odieux et à charge. De là vient que bientôt l'esclave affecte les airs de l'indépendance ; les femmes prétendent avoir les mêmes droits que leurs maris ; enfin, au milieu de cette effervescence de liberté, il n'y a pas jusqu'aux chiens, aux chevaux et aux ânes qui ne courent, en bêtes libres, avec une telle impétuosité, que force est de leur laisser le passage[1]. De cette licence absolue il résulte que les esprits deviennent si ombrageux et si délicats[2], qu'à la moindre tentative d'autorité, ils s'irritent et ne peuvent rien souffrir : bientôt ils arrivent à compter pour rien les lois elles-mêmes, afin d'être complétement affranchis de tout maître[3]. » (Voir Platon : *République*, liv. VIII, chap. xiv.)

XLIV. *Lœlius* : Tu as rendu parfaitement ce qu'a dit Platon. — *Scipion*. « Reprenons maintenant la suite de ma démonstration[4]. De cette extrême licence, qu'on prend ainsi pour le type parfait de la liberté, Platon fait sortir et naître la tyrannie, comme de sa souche naturelle. Car, de même que le pouvoir excessif des grands amène la ruine de l'aristocratie, de même l'excès de liberté entraîne pour un peuple la servitude[5]. C'est ainsi que partout, dans la température, dans le sol, dans le corps humain, nous voyons qu'un extrême se tourne presque toujours en l'extrême contraire, et cela se remarque surtout dans les vicissitudes

---

1. Il faut leur céder le passage. Tenons compte ici de l'ironie socratique où Platon s'amuse parfois.

2. « Cette superbe délicatesse, » dit Bossuet.

3. Ici finit le morceau que Cicéron traduit de Platon. Toute cette peinture d'une démagogie furieuse et affolée par ses propres excès, est admirable.

4. Il imite cependant toujours Platon. (Comp. POLYBE, VI, 5, 7.)

5. Cette réaction est inévitable et s'est produite dans tous les temps.

des États : la trop grande liberté aboutit pour les particuliers et pour les peuples à une extrême servitude. Ainsi, cet excès de liberté engendre le tyran, et, avec lui, l'esclavage le plus injuste et le plus dur. En effet, ce peuple indompté, ou plutôt semblable à une bête indomptable, se choisit, presque toujours en haine des grands dont il a déjà brisé le pouvoir et secoué le joug, un chef, c'est-à-dire un maître audacieux, corrompu, qui poursuit effrontément des hommes qui souvent ont bien mérité de leur pays, et qui fait largesse au peuple de la fortune des autres et de la sienne propre. Comme dans la vie privée il pourrait craindre d'être attaqué, on lui donne des commandements, et on les lui continue ; bientôt, comme Pisistrate à Athènes, il se fait protéger par une garde ; enfin il devient le tyran de ceux même qui ont fait son élévation. Si les bons citoyens viennent à bout de lui, comme il arrive souvent, alors l'État renaît et se reconstitue ; si ce sont des hommes audacieux qui le renversent, alors il est remplacé par une faction, autre espèce de tyrannie ; et c'est quelquefois aussi une faction qui succède à ce beau régime de l'aristocratie, lorsque des abus de pouvoir jettent cette aristocratie hors de sa route véritable. Ainsi le pouvoir est comme une balle que s'arrachent et se renvoient tour à tour les rois aux tyrans, les tyrans aux grands ou au peuple, ceux-ci aux factions ou à d'autres tyrans ; et jamais aucune forme de constitution ne peut longtemps se maintenir.

Résumé de cette triple discussion : conclusion en faveur d'un gouvernement *mixte et tempéré*, formé du mélange des trois formes simples de constitution précédemment étudiées dans leurs principes et leurs excès. — Le type de ce gouvernement se trouve dans la *constitution romaine*. — C'est cette constitution dont Scipion présentera l'analyse et fera l'histoire dans le prochain entretien.

XLV. » Les choses étant ainsi, j'estime que la forme monarchique est de beaucoup préférable aux deux autres, c'est-à-dire au gouvernement des grands ou du peuple ; mais la royauté à son tour me paraît inférieure à une forme

politique qui résulterait de la combinaison des trois autres
dans ce qu'elles ont de meilleur, et les tempérerait les unes
par les autres [1]. J'aime, en effet, que dans l'État il y ait quelque chose de royal, un principe éminent; qu'une certaine
portion du pouvoir soit acquise et maintenue aux grands,
et que certaines choses soient réservées au jugement et à
la décision de la multitude. Cette constitution mixte a d'abord
pour avantage d'établir une grande égalité, condition
réclamée par tout peuple libre; elle offre ensuite de fortes
garanties de stabilité, tandis que les autres formes dégé-
nèrent très-vite de leur institution primitive, et tombent
dans l'extrême opposé; de façon que du roi sort le tyran,
aux grands succède une faction, au peuple la populace et
l'anarchie, et que ces constitutions se remplacent et se
chassent incessamment les unes les autres. Mais dans un
gouvernement qui maintient en équilibre et associe dans
d'équitables proportions ces divers pouvoirs, de telles révolutions ne peuvent guère se produire sans de grands vices
dans les chefs de l'État; car il n'y a pas de cause de révolution là où chacun est solidement établi à son rang et à
sa place naturelle, et ne voit point au-dessous de lui de
place libre où il puisse tomber.

XLVI. » Mais je crains, Lœlius, et vous, mes sages amis,
que, si je m'arrête trop longtemps sur ce sujet, mon discours ne ressemble plutôt à la leçon d'un maître qu'à l'entretien d'un homme qui cherche la vérité de concert avec
vous [2]. Aussi, je vais maintenant vous parler de choses
qui sont connues de tous, mais sur lesquelles, pour mon
compte, j'ai longtemps médité. Dès à présent je reconnais, je sens, je déclare qu'il n'est aucune forme de
gouvernement qui, pour ses principes, la distribution de
parties et sa discipline particulière, puisse être comparée

1. Ce gouvernement mixte avait été déjà proposé par Platon, dans *les Lois*, et par Aristote; recommandé par Polybe (livre VI); et Tacite le qualifiera ainsi (*Ann.*, IV, 33) : « *Facilius laudari potest quam evenire :* » Il est plus facile de le louer en théorie que de le réaliser dans la pratique. « Cunctas nationes et urbes populus aut primores aut singuli regunt. Delecta ex iis et consociata reipublicæ forma laudari facilius quam evenire, aut, si evenit, haud diuturna esse potest. » (*Annales*, IV.)

2. Scipion annonce qu'il va quitter les généralités de la théorie et de la spéculation politiques, pour s'attacher à l'étude et à l'analyse critiques de la constitution romaine en particulier.

avec la constitution que nos pères nous ont transmise et que leur avaient léguée leurs aïeux ; et, puisque vous voulez entendre de ma bouche ce que vous savez si bien vous-mêmes, je montrerai d'abord quel est le système de cette constitution, et je vous montrerai ensuite qu'elle est la meilleure de toutes. En proposant ainsi notre république pour modèle, je m'efforcerai de rapporter à ce type tout ce que j'ai à dire sur la meilleure forme de gouvernement. Si j'y réussis, si je puis atteindre ce but, je croirai avoir rempli, et au delà, la tâche que m'a imposée Lœlius. »

XLVII. Lœlius reprit : « Une tâche vraiment faite pour toi, Scipion, et qui te revenait de droit ! Qui pouvait parler des institutions de nos ancêtres mieux que Scipion, qui compte de si glorieux ancêtres ? Qui aurait plus qualité que toi pour nous entretenir de la meilleure forme de gouvernement, de cet État désirable qui n'est pas le nôtre maintenant, mais dont nous ne pouvons jouir qu'à la condition que tu y eusses la première place et la meilleure part ? A qui appartient-il enfin de nous parler de ces mesures de prévoyance qui pourraient assurer l'avenir, sinon à celui qui, en faisant disparaître les deux terreurs de Rome, a garanti l'avenir de notre république[1] ? »

Fragments qu'on peut insérer au Livre premier, mais dont la place est incertaine.

I. Mais comme la patrie nous comble de bienfaits, et qu'elle est notre mère avant celle qui nous a donné le jour, nous lui devons assurément plus de reconnaissance qu'à nos propres parents. (*Nonius*, au mot *Antiquus*, p. 426. — Comparer Cicéron, *De Officiis*, I.)

II. Carthage n'aurait pas eu tant de puissance pendant près de six cents ans, si elle n'avait eu un bon gouvernement et une forte discipline. (*Nonius*, p. 526.)

III. Ils ont, dit-il, l'habitude et le goût de ces sortes d'entretiens. (*Nonius*, Cognoscere, IV, 109.)

1. Nous avons, dans ces derniers mots du manuscrit, la fin véritable du *Ier Livre*, dont un tiers environ nous manque. Les *fragments* qui suivent et qu'il n'a pas été possible de placer convenablement, sont d'ailleurs assez insignifiants.

IV. « Certes (dit Cicéron), tous les raisonnements abstraits de ces penseurs, quoiqu'ils contiennent les sources les plus abondantes de la vertu et de la science, si on les met en regard des actes même des politiques et des œuvres accomplies par eux, paraîtront, je le crains, offrir moins d'utilité pour les affaires que de charme pour le loisir. » (*Lactance*, Instit. III, 16.)

LIVRE II.

ARGUMENT.

I. Justification par des exemples, empruntés à l'histoire romaine, des vues théoriques exposées par Scipion, sur l'excellence du gouvernement mixte ou *tempéré*. — Eloge de la *Constitution* romaine qui n'est pas l'œuvre improvisée d'un seul législateur, mais qui a été mûrie, développée, perfectionnée par le travail de plusieurs générations et de beaucoup de grands génies.

II. Analyse des institutions de Romulus : Scipion fait ressortir en particulier les avantages de l'emplacement de Rome. Critique des cités maritimes, plus exposées que les autres à la corruption des mœurs et à l'altération des institutions. — Création du Sénat : son rôle dans l'Etat.

III. Analyse des institutions politiques, civiles et religieuses de Numa, élu par le sénat et par le peuple. — Etablissement des augures, des flamines, des saliens, des vestales : civilisation par la religion et par la paix. — Règne de Tullus Hostilius — et d'Ancus Martius. — Agrandissements de Rome, etc. — Avec Tarquin l'Ancien, fils du Corinthien Démarate, la civilisation grecque pénètre à Rome. — Le sénat doublé. — Création de l'ordre équestre. — Etablissement des jeux romains. — Institutions de Servius Tullius : division du peuple en cinq classes ; mécanisme habile du vote par centuries, assurant la prépondérance aux citoyens riches et éclairés (les sénateurs et les chevaliers).

IV. Mais sous Tarquin le Superbe, cette monarchie tempérée des premiers rois de Rome dégénère en tyrannie. — Révolution qui exile et renverse à jamais la royauté, dont le nom reste en horreur aux Romains. — Le peuple prend ses garanties contre le retour du despotisme (inviolabilité du citoyen romain, appel au peuple). — Division du pouvoir entre les deux *consuls*, le sénat et le peuple. — Décadence des premières institutions républicaines : *retraites* du peuple sur le mont Aventin, et création des *tribuns*. — Une oligarchie oppressive reparaît avec les *décemvirs*, et amène une nouvelle révolution.

V. Cette analyse des diverses tentatives faites par les Romains pour assurer la stabilité des institutions et de l'État, démontre la justesse des vues exposées par Scipion sur l'égale infirmité des trois formes de gouvernement usitées, dans ce qu'elles ont d'absolu et d'exclusif.

VI. Conclusion : il faut préférer la combinaison des pouvoirs qui a enfin procuré à Rome, au moins pendant quelque temps, et jusqu'aux entreprises téméraires des Gracques, la suprématie au dehors et la paix à l'intérieur, toutes les forces vives de la nation étant représentées dans l'administration de la cité. — Analogie de cette pondération des pouvoirs avec l'équilibre naturel des facultés de l'âme humaine. — De la *justice* par rapport à l'individu et par rapport à l'État. — Harmonie des diverses parties d'un État bien réglé, et des diverses facultés d'une âme sage, vraiment digne d'exercer dans l'État une salutaire et durable influence.

Différence des constitutions grecques et de la constitution romaine : les constitutions de la Grèce sont l'ouvrage d'un seul législateur ; celle de Rome est due au concours d'une foule de grands hommes et au travail de plusieurs générations : c'est le principe de sa supériorité. — C'est l'histoire de cette formation successive que Cicéron se propose d'étudier, en remontant aux *origines mêmes de la cité romaine*.

I. Dès qu'il vit tout le monde désireux de l'entendre, Scipion prit la parole en ces termes. « Je m'appuierai d'abord, dit-il, sur une pensée du vieux Caton : c'est un homme que, vous le savez, j'ai aimé entre tous, que j'ai beaucoup admiré, et à qui dès ma jeunesse je m'étais donné tout entier, soit par les conseils de Paul-Émile et de mon père adoptif[1], soit par l'effet d'une sympathie toute personnelle. Je l'avoue, je ne pouvais jamais me rassasier de ses discours : tant il avait d'expérience des choses publiques qu'il avait administrées si longtemps et avec tant de bonheur, pendant la paix et durant la guerre ! tant il y avait dans son langage de mesure, d'autorité et d'esprit[2] ! tant j'étais touché de la passion qu'il montrait pour s'instruire soi-même et pour instruire les autres, et de la parfaite harmonie qui régnait entre sa conduite et ses discours ! Or, Caton disait souvent que ce qui faisait la

---

1. Paul-Émile, père naturel de Scipion, et le fils du second Africain, qui adopta ce fils de Paul-Émile.

2. Caton avait écrit sur la rhétorique, la médecine, l'éducation, la morale, l'agriculture, l'art militaire.

supériorité de notre gouvernement sur celui des autres peuples, c'est que chez les autres nations, il ne s'était guère trouvé pour chacune d'elles qu'un seul législateur à la fois, qui avait créé et formé tout d'une pièce les institutions et les lois que son génie particulier imposait à son pays [1]. Ainsi la Crète était redevable de sa constitution à Minos, Lacédémone à Lycurgue, Athènes, où elle subit tant de changements, à Thésée d'abord, puis à Dracon, à Solon, à Clisthènes, à bien d'autres encore, jusqu'à ce qu'un savant homme, Démétrius de Phalère, la relevât un instant de son abaissement et de sa faiblesse. Notre république, au contraire, disait Caton, n'a pas été constituée par le génie et le dévouement d'un seul homme : elle est l'œuvre collective d'un grand nombre d'esprits, le travail de plusieurs siècles et d'une longue suite de générations. Il ne saurait se rencontrer un génie assez étendu pour que rien ne lui échappât; et tous les plus beaux génies d'une seule époque ne pourraient, même en unissant leurs efforts, embrasser tout par avance, de façon à se passer des leçons indispensables de l'expérience et du temps. Je vais donc suivre l'exemple de Caton, et remonter comme lui aux *Origines* [2] du peuple romain : je ne me fais pas faute de lui emprunter cette expression. J'atteindrai sans doute plus facilement le but que je me suis proposé, en vous montrant notre république à sa naissance, dans ses développements successifs, dans sa jeunesse et enfin dans sa forte virilité, qu'en essayant de construire, ainsi que l'a fait Socrate, dans les livres de Platon, une cité imaginaire [3]. »

1. « Une des causes de la prospérité de Rome, c'est que ses rois furent tous de grands personnages. On ne trouve point ailleurs dans les histoires une suite non interrompue de tels hommes d'Etat et de tels capitaines. » (MONTESQUIEU, cité par M. VILLEMAIN.) — La constitution d'un peuple ne saurait guère en effet être improvisée et construite tout d'une pièce, et surtout à tout jamais, par le génie d'un seul homme, ni même par une assemblée : comme toutes les choses humaines, elle doit se modifier selon les temps, et suivre le progrès naturel des mœurs et des idées. Il faut d'ailleurs aux constitutions l'épreuve de l'expérience. On peut vérifier ces principes par l'histoire de nos institutions. Filles du temps, les constitutions se perfectionnent incessamment, et sont dans *un éternel devenir*.

2. Les *Origines*, titre du livre de Caton.

3. Platon, qui semble avoir pris pour type idéal de sa *République*, la constitution de Sparte, est le père de tous les *utopistes* qui, dans leurs *cités* chimériques, ont fait violence aux conditions nécessaires de la *nature* et de la *vie* humaine, pour faire de l'homme une pure abstraction mathématique, et bâtir

Fondations de Rome et institutions de Romulus. — Choix de l'emplacement de Rome. — Discussion sur les dangers auxquels sont exposées les cités maritimes.

II. Tout le monde ayant approuvé ses paroles, Scipion reprit : « Pourrions-nous trouver quelque part ailleurs l'exemple d'un État dont les origines fussent aussi illustres et mieux connues de tous que la fondation même de cette ville par Romulus, fils de Mars ? Respectons en effet cette tradition qui a pour elle le prestige de son ancienneté[1], et que recommande avec raison la sagesse de nos aïeux; croyons, comme eux, que ceux qui ont bien mérité de l'humanité n'ont pas seulement reçu un esprit divin, mais sont aussi de race divine. On rapporte donc que, sitôt après la naissance de Romulus et de son frère Rémus, leur oncle Amulius, roi d'Albe, craignant que sa puissance ne fût un jour ébranlée, les fit exposer sur les bords du Tibre : là Romulus aurait été allaité par une bête sauvage, puis recueilli par des bergers qui l'élevèrent dans la rudesse des travaux champêtres. En grandissant, il prit sur ses compagnons, par sa force corporelle et la fierté de son âme, un tel empire que tous ceux qui habitaient alors les campagnes où s'élève aujourd'hui notre ville, se reconnurent volontairement ses sujets. Il se mit à leur tête, et (ici nous passons de la légende à l'histoire[2]) il s'empara d'Albe la Longue, ville forte et puissante à cette époque, et fit périr le roi Amulius.

III. Après avoir acquis cette gloire, il songea, dit-on, à fonder une ville suivant les rites usités, et à constituer un État. L'emplacement de cette ville (c'est un point où doit

une société toute artificielle. Comparer Platon, Thomas Morus, Harrington, Campanella, Fénelon (dans la *Rép. de Salente*), J.-J. Rousseau (dans le *Contrat social* et dans l'*Emile*, les Saint-Simoniens et les Fourriéristes, les communistes, les socialistes et les positivistes de l'école moderne. — Voir L. Reybaud et Baudrillart: *Les utopistes, les réformateurs et les publicistes modernes.* [Rapprocher le jugement de Cicéron lui-même, livre II, chap. XI, § 21 et 22.]

1. Comp. le jugement ironique que porte ailleurs Cicéron (*De Legibus*), sur la tradition qui assigne au fondateur de Rome une naissance mystérieuse.

2. On voit que Cicéron fait la part de la *fable* dans ces *origines* de l'histoire romaine, si contestées par la critique des modernes : consulter les dissertations de Perizonius, de Pouilly, Beaufort, Niebuhr, etc. — Comp. TITE LIVE, *Hist.*, liv. I.

se marquer surtout la prévoyance de celui qui veut jeter les fondements d'un empire durable[1]), fut choisi par lui avec une merveilleuse convenance. En effet, il ne la plaça point sur les bords de la mer, quoiqu'il pût très-facilement, avec l'armée qu'il commandait, envahir le territoire des Rutules ou des aborigènes, ou fonder la nouvelle ville à l'embouchure du Tibre, à l'endroit même où, bien long-temps après, Ancus Martius conduisit une colonie. Cet homme, d'un génie si prévoyant, avait compris et reconnu que le voisinage de la mer n'est pas le plus favorable à une ville à laquelle on veut assurer des garanties de durée et de grande puissance. C'est qu'en effet, les villes maritimes sont exposées non-seulement à de nombreux périls, mais à des périls qu'on ne peut prévoir. Au milieu des terres, les incursions de l'ennemi qu'on attend, et même les attaques les plus inopinées s'annoncent par toutes sortes d'indices : le bruit même de leurs pas sur la terre et le fracas de leur marche sont comme des avant-coureurs de leur présence; il n'y a jamais de surprise si soudaine par terre qu'on ne sache non-seulement que l'ennemi est là, mais quel il est et d'où il vient; au contraire, l'agresseur que la mer nous amène sur une flotte, peut nous envahir, avant que personne ait soupçonné son approche. De plus, une fois débarqué, rien ne nous apprend qui il est, d'où il vient, ni ce qu'il veut; enfin aucun signe extérieur ne nous permet même de reconnaître et de juger si c'est un ami ou un ennemi qui nous arrive[2].

Causes morales d'affaiblissement pour les villes maritimes.

IV. Il y a encore pour les villes maritimes un autre danger[3] : celui de la corruption et de l'altération des mœurs. Elles subissent en effet le mélange des langues et des cou-

---

1. Platon (*Lois*, IV) et Aristote (*Politique*, VII) discutent aussi le meilleur emplacement d'une ville.

2. Les anciens redoutaient extraordinairement les incursions des pirates (*Acarnaniens*, *Étoliens*, etc.). Comp. les invasions des Northmans. — Voir THUCYDIDE, liv. Ier, 2. Edit. de M. Henry.

3. Comp. l'opinion de Platon, qui veut que la ville soit éloignée de la mer de 80 stades (*Lois*, IV, 1), et Aristote (*Politique*, VII, 5). — « Tout cela, dit avec raison M. Villemain, ne rentre guère dans nos systèmes modernes : *navigation, commerce, échanges*, voilà les mobiles de notre civilisation. »

tumes étrangères ; on leur apporte non-seulement les marchandises, mais aussi les mœurs des autres peuples, en sorte que rien n'y saurait subsister de l'institution primitive et nationale. Ajoutez que ceux qui habitent ces villes ne sont pas attachés à leurs foyers ; mais leur pensée et leur espérance vagabonde les emportent loin de leur pays ; et alors même que leur personne y réside, leur esprit est absent et court le monde [1]. Nulle autre cause n'ébranla plus la force de Corinthe et de Carthage, et ne fit plus pour la ruine définitive de ces deux cités que la vie nomade et la dispersion de leurs citoyens, qui par amour du commerce et de la navigation abandonnèrent la culture des terres et la pratique des armes [2]. La mer fournit encore aux villes qu'elle baigne toutes sortes de pernicieuses ressources pour le luxe : la victoire et le commerce renouvellent incessamment de telles séductions. L'agrément même du site entretient sur ces rivages le goût du faste et les douceurs d'une vie molle et oisive. Ce que j'ai dit de Corinthe, on pourrait, ce me semble, le dire en toute vérité de la Grèce entière : car le Péloponèse est presque tout maritime, les Phlasiens étant les seuls peuples dont le territoire ne touche point à la mer ; et, en dehors du Péloponèse, les Enianes, les Doriens et les Dolopes sont seuls éloignés de la mer. Que dirai-je des îles de la Grèce ? elles semblent, au milieu des eaux qui les baignent, nager encore avec les institutions et les mœurs flottantes de leurs cités. Ce n'est là, d'ailleurs, comme je l'ai dit plus haut, que l'ancienne Grèce. Mais, parmi les colonies conduites par les Grecs dans l'Asie, la Thrace, la Sicile, l'Italie, l'Afrique, il n'en est aucune, à l'exception de Magnésie, qui ne soit baignée par les eaux. Il semble qu'une partie détachée des rivages de la Grèce soit venue se coudre pour ainsi dire, et former une ceinture à ces continents barbares. Car, parmi ces barbares, il n'y avait à l'origine aucun peuple maritime, sauf les Etrusques et les Carthaginois, attachés les uns au

1. Comp. les habitudes voyageuses et l'aptitude *colonisatrice* des Anglais.

2. Les Anglais et les Hollandais ne méritent pas ce reproche, au moins dans sa rigueur absolue. Ici se montrent les rancunes du Romain, agriculteur et guerrier, contre les nations commerçantes et industrielles.

commerce, les autres à la piraterie. Il faut donc voir la cause manifeste des malheurs et des révolutions de la Grèce dans ces vices des cités maritimes que je viens de toucher en peu de mots. Il convient pourtant de faire la part d'un grand avantage : c'est que les richesses de toutes les parties du monde se donnent rendez-vous dans la ville que vous habitez, et que vous pouvez en retour exporter et distribuer dans toute la terre les produits indigènes.

Prévoyance de Romulus dans le choix de l'emplacement de Rome : il semble avoir deviné les destinées de la ville qu'il fondait.

V. Pour réunir tous les avantages d'une position maritime, et en éviter tous les inconvénients, Romulus pouvait-il être mieux inspiré qu'il ne le fut, en élevant Rome sur la rive d'un fleuve dont les eaux ne tarissent jamais, et qui, toujours égales, vont se jeter dans la mer par une large embouchure ? De cette façon, la ville devait recevoir par mer tout ce qui lui manquerait, et renvoyer ce dont elle surabonderait; le même fleuve lui offre une communication pour faire venir d'un côté par la mer tous les produits nécessaires à la subsistance ou au luxe, et de l'autre, pour les amener à Rome de l'intérieur des terres. Aussi je ne doute pas que Romulus n'ait pressenti dès lors que cette ville serait un jour la capitale et le siége d'un vaste empire : car, si elle eût été fondée dans toute autre partie de l'Italie, il lui eût été malaisé de maintenir une domination aussi étendue[1].

Défenses naturelles de Rome ; ses fortifications artificielles.

VI. Quant aux fortifications naturelles de Rome, est-il un homme assez indifférent pour ne pas en avoir comme le plan et le dessin très-nets dans l'esprit? Un mur d'enceinte, élevé par la prévoyance de Romulus et de ses successeurs, vient se rattacher de toutes parts à des collines escarpées. Ainsi le seul passage ouvert entre le mont Esquilin et le

1. Comp. TITE LIVE, livre V, 54, *Discours de Camille.* — Il y a ici, ce nous semble, quelque exagération; et le fondateur de Rome, quel qu'il ait été, ne dut pas voir si bien ni si loin. — Cf. STRABON, livre V ; TACITE, *Ann.*, XII, 24.

Quirinal se trouve fermé par un énorme rempart et un vaste fossé; et notre citadelle entourée de précipices, appuyée sur des rochers taillés à pic, est assez forte pour avoir pu se maintenir intacte contre les effroyables assauts de l'invasion gauloise. Romulus choisit d'ailleurs un lieu rempli de sources vives, et d'une salubrité remarquable au milieu d'une contrée malsaine : les collines qui l'entourent sont rafraîchies par des brises qui renouvellent l'air, et elles couvrent les vallées de leur ombre.

Enlèvement des Sabines. — Guerre et traité avec Tatius.

VII. Tout cela fut rapidement conçu et exécuté par Romulus. Il bâtit une ville qu'il appela Rome, de son nom; et pour affermir la cité naissante, il eut recours à un expédient tout nouveau sans doute, et sentant même quelque peu son barbare, mais digne aussi d'un grand homme qui sait préparer de loin l'accroissement de son empire et de son peuple. De jeunes filles sabines, des meilleures familles, venues à Rome pour assister aux jeux anniversaires que Romulus donnait pour la première fois dans le Cirque en l'honneur du dieu Consus, furent enlevées par ses ordres, et mariées par lui aux plus nobles Romains. Ce fut pour les Sabins un motif de déclarer la guerre à Rome; et l'issue du combat ayant été douteuse et les avantages partagés, Romulus fit alliance avec Tatius, roi des Sabins, à la prière même des femmes qui avaient été enlevées ; par ce traité, les Sabins furent admis dans la nouvelle cité, leur culte y fut également reçu, et Romulus partagea sa puissance avec leur roi.

Institutions *civiles et politiques* de Romulus : le sénat, le peuple, les augures.

VIII. Après la mort de Tatius, le pouvoir revint tout entier à Romulus. Déjà, il est vrai, du vivant de Tatius, il avait formé une sorte de conseil royal des premiers citoyens que l'on appela *Pères* par un titre affectueux[1]; il

---

1. Les *patres* étaient avant tout les chefs des grandes familles : *magnæ gentes*. Puis venaient les trois *tribus* des Rhamnenses (a Romulo), des Titienses (a Tatio), et des Luceres (a Lucumone), et enfin les *trente curies*.

avait aussi divisé le peuple en *trois tribus*, appelées du nom de Tatius, du sien, et de celui de Lucumon, mort à ses côtés dans le combat contre les Sabins; et en *trente curies*, que désignèrent les noms des femmes sabines qui avaient été les médiatrices de la paix et de l'alliance entre les deux peuples. Ces institutions dataient de la vie de Tatius : mais, quand ce prince fut tué, Romulus régna plus que jamais en s'appuyant sur l'autorité et les conseils du sénat.

IX. Cette conduite prouve assez que Romulus comprenait et adoptait les vues qu'avait eues, peu de temps avant lui, Lycurgue à Lacédémone, en partant de ce principe que le gouvernement d'un seul et le pouvoir royal présentent aux cités les meilleures garanties de bonne administration, si l'on joint à cette forme monarchique le concours des meilleurs citoyens[1]. Soutenu par ce conseil, appuyé sur ce sénat comme sur un rempart, Romulus put mener à bonne fin ses guerres avec les peuples voisins, et, sans rapporter dans sa maison aucune part du butin, il ne cessa d'enrichir les citoyens. C'est alors qu'on le voit témoigner un si grand respect pour cette institution des *auspices*, que nous conservons encore aujourd'hui au grand profit de la chose publique. Il prit lui-même les auspices pour la fondation de Rome, et ce fut là comme la première base de la cité; et pour les divers établissements politiques, il s'associa un augure pris dans chaque tribu pour prendre les auspices avec lui. Il répartit ce peuple de telle sorte qu'il fût placé sous le *patronage* des grands, qui eurent chacun leurs clients : institution dont je montrerai plus tard les avantages[2]. Quant aux châtiments, ils consistèrent en *amendes* de moutons et de bœufs (toute la fortune étant alors en bétail et en terres, *pecus*, *locus*, d'où sont venues les expressions de *pecuniosi* et de *locupletes*, pour désigner les riches). La violence et les supplices furent écartés de ses institutions pénales.

1. L'influence morale des plus honnêtes gens. — Le texte porte : *Optimates*, les patriciens, l'aristocratie.

2. On sait quels liens de protection et d'assistance mutuelle attachaient, dans le principe, les *clients* et les *patrons*, à peu près comme, au moyen âge, le vassal et le suzerain. — Voir DENYS D'HA-

Mort et apothéose de Romulus.

X. Romulus après avoir régné trente-sept ans, et élevé ces deux illustres soutiens de la république, les auspices et le sénat, obtint cet honneur d'être placé par la croyance publique au rang des Dieux, lorsqu'il disparut durant une éclipse de soleil : c'est là sans doute une renommée que nul mortel n'a pu mériter que par l'éclat d'une grande vertu[1]. Cette consécration merveilleuse est d'autant plus admirable dans Romulus, que les autres hommes dont on a fait des dieux, ont vécu à des époques peu éclairées, où l'imagination se prêtait plus facilement aux fictions, où l'ignorance justifiait la crédulité ; tandis que nous voyons Romulus, que moins de six siècles séparent de nous, vivre dans un temps où florissaient déjà les lettres et les sciences, et où avaient déjà disparu les antiques erreurs d'une civilisation à peine formée. En effet, si, comme l'établissent les annales des Grecs, la fondation de Rome remonte à la seconde année de la septième Olympiade, Romulus vivait à une époque où déjà la Grèce était pleine de poëtes et de musiciens, et où on n'ajoutait de foi qu'aux fables qui avaient pour objets des événements très-anciens[2]. Car c'est cent huit ans après la première Olympiade que Lycurgue institua ses lois, bien que quelques auteurs, trompés par le nom, aient attribué à Lycurgue lui-même l'établissement des Olympiades ; et d'autre part, d'après les calculs les plus modérés, Homère a vécu trente ans au moins avant Lycurgue : on en peut conclure qu'Homère précéda d'un grand nombre d'années le temps de Romulus ; et ainsi au temps de ce prince l'instruction des hommes et la civilisation générale de l'époque se prêtaient mal à de nouvelles fictions. L'antiquité a reçu beaucoup de fables, et quelques-unes assez grossières ; mais cet âge déjà cultivé dut tourner en objet

LICARNASSE, II, 10 ; PLUTARQUE, *Romulus*, 15 ; AULU GELLE, V, 15.

1. Qu'eût dit Cicéron, s'il avait pu prévoir les apothéoses des Tibère et des Claude ?

2. Toute cette argumentation est assez puérile : la civilisation de la Grèce, de la Grande-Grèce et même de l'Étrurie, ne prouve pas que les contemporains de Romulus fussent civilisés, et surtout ne pussent admettre facilement des fables absurdes.

de risée et repousser de sa croyance tout ce qui était impossible....

[Il manque ici un très-grand nombre de lettres au manuscrit.]

.... On ajouta foi cependant à la divinité de Romulus dans un temps où l'expérience et la science avaient déjà perfectionné la vie humaine. Mais sans doute il y avait en lui tant de génie et de vertu qu'on ne craignit pas de s'en rapporter au témoignage d'un homme simple, Proculus Julius, qui persuada sans peine au peuple[1], ce que, depuis bien des siècles, on n'avait voulu croire d'aucun mortel : à l'instigation des Sénateurs, qui avaient intérêt à écarter loin d'eux le soupçon de la mort du roi, ce Proculus déclara, dans l'assemblée publique, qu'il avait vu Romulus lui apparaître sur la colline que l'on appelle maintenant le *Quirinal*, et qu'il lui avait enjoint de demander au peuple qu'un temple lui fût consacré sur cette colline; il ajoutait qu'il était dieu, et que son nom nouveau était Quirinus.

Lælius fait ressortir ce qu'il y a d'original dans la façon dont Scipion traite son sujet, en cherchant à concilier, dans le type de sa république, la beauté *idéale* avec les conditions de la *réalité* et de l'histoire même.

XI. Ne voyez-vous pas comment la sagesse d'un seul homme, en créant un peuple nouveau, ne l'a pas abandonné comme un enfant au berceau, après lui avoir donné naissance, mais l'a conduit pour ainsi dire par la main jusqu'au seuil de la jeunesse? » — « Nous le voyons en effet, dit Lælius, et nous apprécions en même temps la nouvelle méthode d'exposition que tu veux suivre, et qui ne se trouve nulle part dans les livres des Grecs[2]. Platon, ce prince des philosophes, que personne n'a surpassé dans l'art d'écrire, s'est choisi lui-même une libre place pour y bâtir une cité idéale et toute à sa guise[3]. C'est sans doute une belle construction, mais qui répugne trop à la nature humaine et à la vie réelle. Les autres, sans s'attacher à

1. Cicéron se moque de cette prétendue apparition de Romulus (dans le *De Legibus*).

2. On sait pourtant qu'Aristote avait analysé les constitutions de toutes les cités grecques, dans un ouvrage malheureusement perdu pour nous.

3. La critique de Cicéron porte sur la *République*.

aucun modèle idéal, à aucune forme particulière de république, ont disserté sur les diverses espèces d'Etats et leurs différentes constitutions. Il me semble que tu vas t'appliquer à combiner les deux méthodes : car dès le début, tu as mieux aimé attribuer aux autres les découvertes que d'exposer tes propres fantaisies en ton nom, comme le fait Socrate dans Platon ; et, par exemple, tu imputes à système chez Romulus, à propos de l'emplacement de Rome, ce qu'il a fait par hasard ou par nécessité ; ton discours ne se perd point dans de vagues considérations, mais se concentre tout entier sur une seule république. Continue donc comme tu as commencé : tu vas expliquer la suite des autres règnes, et il me semble déjà apercevoir la forme parfaite de gouvernement que cette succession doit produire. »

Suite des origines de Rome. — *Interrègne*. — Election de Numa. — Institutions *civiles et religieuses* de Numa : flamines, saliens, vestales. — Règlements sur le commerce, les marchés, les jeux, les fêtes. — Originalité du génie politique de Numa et du caractère romain.

XII. Le sénat de Romulus, reprit Scipion, qui était formé des premiers citoyens auxquels le Roi avait accordé cet insigne honneur d'être nommés *Pères* et leurs enfants *Patriciens*, fit une tentative, après la mort de Romulus, pour gouverner sans roi la République ; mais le peuple ne le souffrit point, et les regrets que lui avait laissés Romulus lui faisaient réclamer plus impatiemment un roi. Les sénateurs imaginèrent donc prudemment une espèce d'*interrègne*, forme toute nouvelle et inconnue des autres nations, de façon à ce que la cité ne restât pas sans roi, tant qu'on n'aurait pas désigné un successeur à Romulus, et ne fût pas non plus soumise trop longtemps au même prince : on évitait en même temps que l'exercice et l'habitude prolongés du pouvoir engageassent trop les rois à s'y attacher, et à s'y maintenir par la force[1]. Aussi dès cette époque un

---

[1]. De cette défiance sortit naturellement plus tard l'institution des deux consuls, nommés pour un an. « Rome ayant chassé les rois, établit les consuls annuels ; c'est encore ce qui la porta à ce haut degré de puissance. Les princes ont dans leur vie des périodes d'ambition ; après quoi d'autres passions et l'oisiveté même succèdent ; mais la république ayant des chefs qui changeaient tous les ans, et qui cherchaient à signaler leur magistrature pour en obtenir de nouvelles, il n'y avait pas un moment de perdu pour l'ambition. » (MONTESQ.)

peuple encore si nouveau comprit ce qui avait échappé au Lacédémonien Lycurgue : Lycurgue avait jugé en effet (si toutefois il put décider seul la chose) que les princes ne devaient point sortir de l'élection, mais que le roi serait, quel qu'il fût d'ailleurs, de la race d'Hercule. Nos rustiques ancêtres sentirent que ce qui devait faire les rois, c'était non la naissance, mais la vertu et la sagesse dignes d'un si haut rang[1].

XIII. Ces qualités, la renommée les attribuait à Numa Pompilius, et le peuple Romain, laissant de côté les candidats sortis de son sein, se donna lui-même, par le conseil des sénateurs, un roi étranger : il fit venir à Rome de la ville de Cures un Sabin pour le gouverner. Dès son arrivée, quoiqu'il eût été nommé roi par le peuple dans les comices par curies, il fit consacrer son élection et ses prérogatives royales par une loi également soumise au vote des curies ; et comme il vit que les institutions guerrières de Romulus avaient enflammé l'humeur belliqueuse des Romains, il estima qu'il convenait d'atténuer un peu en eux la force de cette première habitude.

XIV. D'abord les terres que Romulus avait conquises furent partagées par lui entre tous les citoyens ; il leur montra que, sans piller, ni ravager, en se contentant de cultiver leurs champs, ils pouvaient jouir de tous les biens : et il leur inspira ainsi l'amour du repos et de la paix ; ce sont en effet les meilleures garanties de la justice et de la bonne foi, et la protection la plus efficace pour la sécurité des travaux des champs et des récoltes. Numa institua aussi les *grands auspices*, et ajouta deux augures à l'ancien nombre. La présidence des sacrifices fut attribuée à cinq pontifes pris parmi les premiers citoyens ; et par toutes ces lois, que nous conservons dans nos monuments et qui règlent les cérémonies[2] religieuses, il adoucit les âmes que l'habitude des combats avait passionnées pour la guerre. Il créa les *Flamines*, les *Saliens*, le collége des vierges *Vestales*, et

---

1. C'était une *royauté élective*. — Ce système est condamné par l'expérience.

2. *Cérémonies*; ce mot vient de la ville de Cerœ, en Etrurie. — *Flamines*.

Il y avait trois flamines : dialis, martialis, quirinalis — douze prêtres saliens. — Quatre vestales sous Numa, six sous Servius.

ordonna de la façon la plus sainte toutes les parties du culte public. Quant aux sacrifices, il voulut que les formes du rite fussent très-compliquées, et que l'offrande fût très-modeste; il établit beaucoup de formules et de pratiques qu'il fallait apprendre et observer, mais qui n'entraînaient aucuns frais, s'appliquant à rendre la piété minutieuse et point coûteuse[1]. Numa ouvrit aussi des marchés, fonda des jeux, multipliant ainsi entre les hommes les occasions de rapprochement et de réunion. Par toutes ces institutions, il rappela à l'humanité et à la douceur ces esprits que la passion de la guerre avait rendus farouches et durs. Après un règne qui s'écoula dans la paix et la concorde, et qui dura trente-neuf ans[2] (nous suivons ici le calcul de notre Polybe, l'homme le plus habile à vérifier les dates), Numa mourut après avoir établi sur des bases solides les deux plus fermes soutiens de la stabilité de l'État, je veux dire la religion et l'humanité.

XV. Après ces paroles de Scipion : — « Faut-il, dit Manilius, ajouter foi à la tradition qui nous rapporte que ce roi Numa fut disciple de Pythagore lui-même, ou tout au moins pythagoricien[3] ? Des vieillards me l'ont souvent affirmé, et je sais que c'est l'opinion commune; mais nos Annales ne me paraissent pas établir le fait d'une façon suffisante. » — « Rien n'est plus faux, répondit Scipion, et non-seulement c'est une pure fiction, mais c'est une fiction maladroite et inadmissible; car il y a des mensonges insupportables entre tous : ce sont ceux qui veulent nous faire ajouter foi à des choses qui non-seulement n'ont jamais été, mais n'ont même jamais pu être. Ainsi il est parfaitement établi que ce fut dans la quatrième année du règne de Tarquin le Superbe que Pythagore vint à Sybaris, à Crotone et dans les villes de la Grande-Grèce. La soixante-

---

1. Le culte exigea plus d'application (la science compliquée des rites et des formules) et peu de dépenses : les offrandes devaient être très-simples. (Voir *Lois des XII Tables*, citées par CICÉRON, *De Legib.*, II, 8.) « Ad deos adeunto caste, pietatem adhibento, opes amovento. »

2. Tite Live dit 43 ans, Polybe 55, et Eusèbe et Cassiodore 57.

3. Peut-être certaines analogies entre les institutions de Numa et les doctrines de Pythagore auront-elles accrédité cette fable, que réfute encore Cicéron : *Tuscul.*, I, 16, IV, 1, et *De Oratore*, II, 59.

douzième Olympiade marque à la fois le commencement du règne de Tarquin et l'arrivée de Pythagore. On voit donc, en calculant la durée des règnes, que ce fut quarante ans après la mort de Romulus que Pythagore parut pour la première fois en Italie; et sur ce point, ceux qui ont étudié avec le plus de scrupule la suite des temps n'ont jamais élevé le moindre doute. » — « Dieux immortels, dit Manilius, quelle erreur dans l'opinion commune si profondément enracinée! Je m'accommode assez pourtant de l'idée que nous ne sommes pas redevables de notre civilisation à des importations d'outre-mer, mais à des vertus domestiques et vraiment nationales[2]. »

XVI. « Cette conviction s'établira encore plus facilement pour toi, reprit l'Africain, à mesure que tu observeras les progrès de la république, et que tu la verras arriver, comme par une route et une marche naturelles, à la perfection que nous y remarquerons. De plus, il faudra louer la sagesse de nos ancêtres qui ont fait sans doute d'utiles emprunts aux institutions étrangères, mais en les amendant de telle sorte qu'elles sont devenues meilleures chez nous qu'elles ne l'étaient là où on les avait prises, et à leur lieu d'origine. Tu comprendras bien alors que ce n'est pas au hasard, mais à la sagesse et à la discipline aidées, il est vrai, par la fortune, que le peuple romain est redevable du développement de sa grandeur[3].

Règne et institutions civiles et religieuses de Tullus Hostilius. — Les féciaux. — *Prérogatives* attribuées au peuple.

XVII. Après la mort de Numa, le peuple, sur la proposition d'un *inter-roi*, élut Tullus Hostilius dans les comices par curies; et comme Numa, Tullus fit ratifier ses pou-

---

1. Pythagore vint en Italie vers 530 ou 520 av. J.-C.

2. Les Romains ne se faisaient pas faute d'emprunter à leurs voisins et aux peuples vaincus leurs mœurs, leurs institutions civiles et religieuses, leurs arts, et jusqu'à leurs armes. — Voir Montesquieu, *Grand. et décad.*, et Tite Live, IX, 51. — Ils tirèrent ainsi de l'Etrurie leurs augures, leurs auspices et leurs premiers arts.

3. « De tous les peuples du monde, le plus fier et le plus hardi, mais tout ensemble le plus réglé dans ses conseils, le plus constant dans ses maximes, le plus avisé, le plus laborieux, et enfin le plus patient, a été le peuple romain. De tout cela s'est formée la meilleure milice et la politique la plus prévoyante, la plus ferme et la plus suivie qui fut jamais. » (Bossuet, *Disc. sur l'Hist. univ.*, IIIe partie.)

voirs par une loi curiate[1]. Il se distingua surtout par la gloire des armes, et fit de beaux exploits. Il construisit aussi la place des Comices et le palais du Sénat, et les entoura des dépouilles des vaincus[2]. Il établit des formes légales pour les déclarations de guerre, et sanctionna cette instition si naturellement équitable par le droit sacré des *féciaux*[3] : désormais toute guerre qui ne serait pas déclarée et *dénoncée* dans les formes légales et religieuses, devait être tenue pour injuste et impie. Et remarquez avec quelle sagesse nos rois comprirent dès ce temps-là qu'il fallait accorder au peuple certains priviléges[4] (nous aurons sur ce point beaucoup de choses à dire) : Tullus n'osa point prendre les insignes de la royauté sans l'ordre du peuple, et demanda encore son consentement pour se faire précéder de douze licteurs avec leurs faisceaux....

[Lacune de deux pages au manuscrit.]

Le genre de mort de Tullus ne fit pas croire pourtant qu'il eût été reçu au rang de Dieux : sans doute les Romains ne voulurent pas que l'honneur accordé à Romulus devînt en quelque sorte vulgaire et banal, en l'accordant trop facilement à un autre (St Augustin. *Cité de Dieu*, III, 15).

Règne et fondations d'Ancus Martius.

XVIII...... « A la façon dont tu nous exposes les progrès de la république, on voit assez qu'elle ne se traîne pas péniblement vers la perfection : elle y vole. » — *Scipion :* « Après la mort de Tullus, le peuple nomma roi Ancus Martius, petit-fils de Numa par sa mère : il fit aussi ratifier son élection par une loi curiate. Après avoir vaincu les Latins, il les admit au partage du *droit de cité romaine*. Il annexa à

---

1. Dans le vote par curies, chaque citoyen donnait son suffrage individuellement.

2. Il construisit et décora, des dépouilles faites sur l'ennemi, la place des Comices (près du mont Palatin) et la salle de la Curie (*Curia Hostilia*).

3. Les formules ou formes légales pour les déclarations de guerre constituaient le droit des féciaux, première expression légale du *droit des gens* (*jus fecialium, jus gentium*). (Comp. CICÉRON, *De Officiis*, 1.) Les Romains ont toujours été très-*formalistes:* ils croyaient sauver ainsi l'injustice de certaines de leurs aggressions.—On sait que les plébéiens n'obtinrent qu'avec beaucoup de peine la vulgarisation des *formules du droit civil*, dont la connaissance constituait un privilége pour les patriciens, tous, à l'origine, plus ou moins jurisconsultes.

4. C'étaient moins des droits reconnus que des concessions plus ou moins intéressées. « La constitution, dit Montesquieu, était monarchique, aristocratique et populaire. »

l'enceinte de la ville le mont Aventin et le mont Cœlius ;
distribua au peuple les territoires qu'il avait conquis, et
n'attribua au domaine public que les forêts situées sur le
littoral, et dont il s'était rendu maître : il fonda aussi une
ville à l'embouchure du Tibre et y établit une colonie. Il
mourut après avoir régné vingt-trois ans. » — « *Lælius* dit :
Ce roi mérite aussi d'être loué ; mais en vérité, il y a d'é-
tranges obscurités dans l'histoire romaine [1], puisque nous
savons quelle était la mère d'Ancus, et que nous ne con-
naissons point son père. » — *Scipion :* « Tu as raison, mais
pour toute cette époque, il n'y a guère que les noms des
rois qui nous soient bien connus [2].

Démarate le Corinthien importe à Tarquinies la civilisation
grecque.

XIX. Dès cette époque aussi, et pour la première fois,
Rome paraît s'être policée au contact d'une civilisation
étrangère. Ce ne fut pas alors comme un faible ruisseau qui
pénétra dans notre ville, mais un large fleuve qui apporta
chez nous les connaissances et les arts de la Grèce. Voici
ce que rapporte la tradition : il y avait à Corinthe un certain Démarate qui tenait le premier rang dans son pays par
ses honneurs, son crédit et ses richesses : ne pouvant
souffrir la domination de Cypselus, tyran de Corinthe, il
s'enfuit avec de grands trésors, et se réfugia à Tarquinies,
ville très-florissante d'Etrurie. Ayant appris que la tyrannie de Cypselus s'était affermie à Corinthe, cet homme
courageux, jaloux de son indépendance, renonça définitivement à sa patrie, se fit recevoir citoyen de Tarquinies, et
se fixa dans cette ville. Il eut d'une femme de ce pays deux

---

1. Fort obscure, en effet, et déjà obscure pour Tite Live, qui raconte, à titre de
traditions, l'histoire des premiers temps
de Rome. On sait que les plus anciens monuments, les Annales des pontifes et les
archives, avaient disparu presque entièrement déjà après la prise et l'incendie de
Rome par les Gaulois. Ces *obscurités* n'autorisent pourtant pas les excès de l'interprétation *symbolique* mise à la mode
par la critique allemande. Il y a à prendre et beaucoup à laisser. — Cons. les
sources indiquées ailleurs : Perizonius,
de Pouilly, Beaufort, Niebuhr, et la note
savante de M. Villemain, qui présente
un résumé de la discussion.

2. Aussi a-t-on prétendu que ces noms
de *rois,* cette succession *symétrique* de
princes guerriers et législateurs, élus
par le peuple et faisant sanctionner leur
élection par une loi *curiate,* n'étaient
que des *symboles* représentant des *époques,* des phases diverses de développement ou de civilisation.

fils qui furent instruits dans la connaissance de tous les arts de la Grèce....

[Lacune de deux pages.]

Règne de L. Tarquin : le nombre des sénateurs doublé. — Constitution définitive de l'ordre des chevaliers.

XX..... Un de ces fils, Lucius Tarquin, fut admis facilement au droit de cité. La douceur de ses mœurs et l'étendue de ses connaissances lui gagnèrent l'amitié d'Ancus, à ce point qu'il passait pour être le confident de tous ses desseins, et partager le trône avec lui. Il avait d'ailleurs le caractère le plus bienveillant, et une libéralité qui prodiguait à tous les citoyens secours, protection, bons offices et bienfaits de toute sorte. Aussi, après la mort de Martius, L. Tarquin fut nommé roi par les suffrages unanimes de tout le peuple[1] : il avait ainsi transformé son nom grec[2] pour imiter en tout les manières de ses nouveaux concitoyens. Après avoir fait confirmer son élection par une loi, il doubla d'abord le nombre des sénateurs ; il appela les sénateurs de première création *Pères des grandes familles*, et leur accorda le privilége d'opiner les premiers ; et ceux qu'il créa lui-même il les appela *Pères des familles de second ordre*[3]. Il constitua *l'ordre des chevaliers* tel que nous le voyons encore aujourd'hui ; mais il ne put, quelque désir qu'il en eût, changer les noms de *Titienses*, de *Rhamnenses* et de *Luceres*, parce que le fameux augure Attius Nœvius l'en dissuada[4]. On sait que les Corinthiens réservaient soigneusement des chevaux pour le service de l'Etat, et qu'ils les entretenaient au moyen d'un impôt levé sur les hommes mariés sans enfants et sur les veuves. Aux premières compagnies de chevaliers, il en ajouta de nouvelles, de façon à porter le nombre des che-

1. Encore le vote populaire, le suffrage universel : c'est la part de l'élément démocratique dans cette singulière constitution.

2. Lucius, de *Lacumon* ; mais on a objecté avec raison que Lucumon était un nom étrusque, et non grec.

3. Les familles de seconde création, par opposition aux *magnæ* ou *majores gentes*. Le fait est controversé. Selon Tacite, les pères *majorum gentium* furent créés par Romulus, et ceux des nouvelles familles, *minorum gentium*, par Brutus.

4. Ce Nœvius, selon la fable rapportée par Tite Live, pour dissuader Tarquin de changer le nom des centuries equestres, aurait démontré la vérité de son art en coupant un caillou avec un rasoir.

valiers à douze cents; nombre qu'il doubla, après avoir soumis les OEques, nation considérable et belliqueuse qui menaçait la puissance de Rome. Il repoussa loin des murs une invasion des Sabins, les battit avec la cavalerie et les mit hors de combat. Le premier aussi il institua les *grands jeux* que l'on appelle *jeux Romains*. On rapporte encore que dans la guerre des Sabins, au milieu d'une bataille, il avait fait vœu d'élever un temple à *Jupiter très-bon et très-grand*. Il mourut après un règne de quarante-huit ans. »

Règne de Servius Tullius : premiers actes de ce règne. — Institutions fameuses de Servius. — Division du peuple en cinq classes; vote par *centuries*. — Prépondérance de l'élément aristocratique.

XXI. Lœlius dit alors : « Nous vérifions bien maintenant la justesse du mot de Caton : que la constitution de la république romaine n'est l'œuvre ni d'un siècle, ni d'un homme : car on voit clairement de combien d'institutions sages et utiles chacun de nos rois nous a dotés tour à tour. Mais voici que tu vas nous parler de celui de tous qui, selon moi, a eu les plus grandes vues politiques[1]. » — « Tu dis vrai, reprit Scipion. Après la mort de Tarquin, Servius Tullius fut le premier qui régna d'abord sans un ordre du peuple. On le dit fils d'une esclave de Tarquinies et d'un client du roi. Comme il était élevé avec les esclaves du roi, et le servait à table, déjà brillaient dans cet enfant de vives étincelles de son génie, tant il mettait d'adresse et d'esprit dans tout ce qu'il faisait ou disait. Aussi Tarquin, qui n'avait alors que des enfants encore très-jeunes, s'attacha tellement à Servius que cet enfant passait pour être son fils. Il le fit élever avec beaucoup de soin et instruire dans tous les arts que lui-même avait appris, *à la grecque*[2]

1. Celui qui a eu les vues politiques les plus pénétrantes, c'est Servius Tullius. « Servius, dit Tacite, fut principalement créateur de lois auxquelles les rois mêmes étaient tenus d'obéir : *Præcipuus Servius Tullius sanctor legum fuit queis et reges obtemperarent.* » (Annales, liv. Ier, et III, 26.) — Voir Tite Live, I, 41 et suiv.; Denys d'Halicarnasse, Montesquieu, *Esprit des Lois*; Michelet. *Histoire romaine*; V. Duruy, *Hist. romaine.*

2. Remarquez cette prédominance de l'esprit grec et l'influence de l'éducation grecque dès cette époque. Cf. Tite Live, I, 59. Egger : De l'éducation chez les Romains.

et de la façon la plus complète. Lorsque Tarquin eut succombé aux embûches des fils d'Ancus, Servius commença, comme je l'ai dit, par régner sans l'ordre du peuple, mais avec le consentement et du vœu de tous les citoyens. En effet, comme on avait faussement répandu le bruit que Tarquin n'était pas mort de sa blessure, Servius, avec l'appareil de la puissance royale, rendait la justice[1], payait de son argent les dettes des débiteurs insolvables, témoignait à tous une extrême affabilité, et déclarait que c'était au nom même de Tarquin qu'il faisait fonction de juge suprême. Il se garda bien aussi de se confier au sénat[2] ; mais, une fois que Tarquin fut enseveli, il consulta sur son propre compte l'opinion du peuple ; il reçut l'ordre de régner, et fit encore sanctionner son élection par les curies. Il vengea d'abord par les armes les insultes que nous avaient faites les Etrusques ; ensuite....

[Lacune de deux pages.]

XXII. « Il institua dix-huit centuries de chevaliers qui payaient le cens le plus élevé, sépara ce corps devenu très-nombreux de la masse des autres citoyens, et divisa le peuple lui-même en cinq classes, en distinguant les plus âgés des plus jeunes. Il eut surtout pour objet (et c'est un point essentiel pour la bonne constitution d'un État) d'empêcher que ce ne fût le plus grand nombre qui eût le plus de pouvoir[3]. Je vous expliquerais le mécanisme de la constitution de Servius, si vous ne le connaissiez bien. Vous voyez tout le système[4] : *les centuries des chevaliers* augmentées de six nouvelles centuries, et la *première classe*, augmentée elle-même d'une centurie de charpentiers que l'on

---

1. C'était, on le voit, la principale des *prérogatives* royales.

2. Remarquer cette défiance caractéristique à l'endroit du sénat.

3. C'est, en effet, l'artifice politique du mécanisme établi par Servius Tullius, par défiance de l'influence démocratique. « Il avait divisé le peuple (*populus*) de Rome en 193 centuries, qui formaient 6 classes ; et mettant les riches, mais en plus *petit nombre*, dans les premières centuries, les moins riches, mais en plus grand nombre, dans les suivantes, il jeta toute la foule des indigents dans la *dernière* ; et chaque centurie n'ayant qu'*une* voix, c'étaient les moyens et les richesses qui donnaient le suffrage plutôt que les personnes. » (Montesquieu, *Esprit des Lois*.) — Niebuhr trouve 193 centuries et non 195, ainsi décomposées : 99 (chevaliers et première classe), 96 (reste du peuple).

4. Cf. sur les institutions de ce règne Tite Live et Denys d'Halicarnasse.

y admit à cause de leur grande utilité, formèrent en tout *quatre-vingt-neuf centuries :* qu'on y ajoute seulement *huit* centuries prises sur les *cent quatre autres centuries* (il n'en reste pas davantage), et on aura la force entière du peuple romain [1]. Ainsi la multitude bien autrement nombreuse des *quatre-vingt-seize* autres centuries ne sera pas privée, il est vrai, du droit de suffrage, ce qui témoignerait trop de dédain pour elle [2] ; mais elle n'aura pas la prépondérance, ce qui constituerait un péril pour l'État. Servius, dans cette combinaison, ne négligea même pas le choix des noms qu'il donna aux diverses classes : il appela les riches les *contribuables,* parce qu'ils devaient *contribuer* de leur fortune aux besoins de l'État [3] (*assiduos ab œre, ab asse donando*), et, quant à ceux qui ne possédaient pas quinze cents as d'airain, ou même qui ne possédaient absolument rien que leur personne, il les appela *prolétaires* (*a prole*) pour montrer qu'ils ne devaient à l'État que de lui donner des enfants. Or, dans chacune des quatre-vingt-seize centuries, prise isolément, il y avait peut-être un plus grand nombre de citoyens inscrits que dans la première classe tout entière [4]. Ainsi, le droit de suffrage n'était enlevé à personne; mais ceux-là étaient assurés de la prépondérance qui avaient le plus grand intérêt au bon ordre de la république. En outre, les soldats surnuméraires, les corporations des trompettes et les cors de l'armée, les prolétaires.....

[Lacune de quatre pages : nous perdons ainsi la fin de l'analyse des institutions de Servius Tullius.]

Réflexions sur le caractère presque exclusivement monarchique de la constitution de Rome sous les rois.

La meilleure constitution est celle d'un État qui combine

1. Avec 8 centuries prises sur les 104 restantes, vous avez la force entière du peuple romain. — Voir, dans les notes, d'ANGELO MAÏ, le calcul d'après DENYS D'HALICARNASSE.

2. Voici l'explication de ce mécanisme, qui devait donner l'avantage aux riches : Si 8 des 104 centuries votaient comme les chevaliers et comme la première classe, cette accession (*octo solæ si accesserunt*) assurait la majorité, soit 97 voix sur 193 centuries; différence 1 voix.

3. *Assiduus* viendrait de *ab œre dando,* donner de l'argent. L'allusion est intraduisible : il les appela *contribuables,* du mot *tribut.* (Cf. CICER., *Topiq.,* II; PLAUTE, *Amph.,* I, 14; AULU GELLE, XVI, 10, XIX, 8).

4. « Dans une seule des 96 dernières centuries, il y avait numériquement plus de citoyens que dans la première classe tout entière. » (VILLEMAIN.)

dans un juste équilibre les trois sortes de gouvernement, royal, aristocratique et populaire, et qui n'irrite point par la menace des châtiments des esprits farouches et intraitables. [*Nonius*, au mot : *Modicum*, p. 342.]

XXIII. *Telle fut à peu près la constitution de Carthage*, plus ancienne que Rome de soixante-quinze ans, puisqu'elle fut fondée trente-neuf ans avant la première Olympiade. Telles aussi paraissent avoir été les idées de Lycurgue, bien plus ancien encore. Cette égale répartition du pouvoir et cette combinaison des trois formes essentielles de gouvernement me paraissent donc nous avoir été communes avec ces peuples. Mais il est un trait particulier de notre république par lequel elle l'emporte sur les autres, et que je dois pour cette raison vous expliquer avec plus de précision. Les diverses espèces de gouvernement dont j'ai parlé se trouvent sans doute réunies dans les constitutions de Rome, des Lacédémoniens et des Carthaginois; mais c'est plutôt un mélange qu'un équilibre ou une harmonie. En effet, dès qu'il y a dans un Etat un homme investi d'un pouvoir perpétuel, surtout quand ce pouvoir est l'autorité royale, alors même qu'il y aurait à côté de lui un sénat, comme à Rome du temps des rois, comme à Sparte par les lois de Lycurgue; alors même que le peuple aurait aussi quelques droits, comme chez nous pendant le gouvernement des rois : cependant c'est le titre de roi qui l'emporte, et il faut absolument qu'un tel État soit une monarchie de fait et de nom. Or, une telle forme de gouvernement est très-sujette aux changements, attendu qu'il suffit de la faute d'un seul pour la jeter dans les plus funestes extrémités. Quant à la forme monarchique prise en elle-même, non-seulement je ne la condamne point, mais je la trouverais peut-être très-supérieure aux autres espèces de gouvernement simple, en admettant d'ailleurs que je pusse approuver un autre système que celui du mélange des pouvoirs; mais dans tous les cas je ne préférerais la monarchie qu'autant qu'elle garderait son propre caractère; et ce caractère c'est que la puissance perpétuelle d'un seul, sa justice et sa sagesse, embrassant toutes les attributions, maintiennent la sûreté, l'égalité et la tranquillité de tous les citoyens. Le peuple qui est sous la domination d'un roi, manque absolument de beaucoup de choses, et avant tout de la liberté ; car la liberté ne consiste point à avoir un bon maître, mais à n'en pas avoir du tout [1].....

[Il manque deux pages au manuscrit.]

Événements et premiers actes du gouvernement de Tarquin le Superbe. — Tarquin devient odieux au peuple. — Attentat de son fils sur Lucrèce. — Expulsion des rois.

XXIV......... Ce maître injuste et cruel se vit d'abord secondé par la fortune dans ses premières entreprises. Il soumit tout le Latium, prit Suessa Pometia, ville puissante et riche, et avec un immense butin d'or et d'argent il put acquitter le vœu de son aïeul en fondant le Capitole. Il établit aussi plusieurs colonies, et conformément aux traditions de sa famille, il envoya au temple d'Apollon, à Delphes, des dons magnifiques, prémices des dépouilles de l'ennemi [2].

XXV. Au point où nous sommes arrivés, nous voyons se produire une de ces révolutions dont vous pouvez saisir le mouvement naturel et suivre le développement dans le premier exemple qui s'offre à nous. Car le point capital de la science politique, dont nous cherchons entre nous les principes et les lois, c'est de bien connaître la marche régulière des États et leurs mouvements de déviation, de façon à pouvoir les retenir sur la pente où ils glissent, et prévenir leur ruine. Ainsi ce Tarquin dont je parle, tout d'abord souillé du meurtre d'un prince excellent, ne se possédait plus lui-même : et parce qu'il redoutait la suprême expiation de son crime, il voulait se fait craindre. Ensuite, confiant dans ses victoires et dans ses richesses, il donnait libre cours à son insolence [3], ne sachant plus ni

1. Il faut au moins que les lois, faites ou consenties par le plus grand nombre, soient *souveraines*; et il faut des autorités pour appliquer et exécuter la loi.

2. Il s'agit ici de Tarquin le Superbe, septième et dernier roi de Rome.

3. Lire le passage de Montesquieu (*Grand. et décad. des Rom.*), où l'historien philosophe essaie de défendre la mémoire de Tarquin, en expliquant ses talents et ses services. -- « Le portrait de Tarquin n'a point été flatté : son nom n'a échappé à aucun des orateurs qui ont eu à parler contre la tyrannie ; mais sa conduite, avant son malheur, que l'on voit qu'il prévoyait ; sa douceur pour les peuples vaincus, sa libéralité

régler ses mœurs, ni refréner ses passions : aussi lorsque son fils aîné eut fait violence à Lucrèce, fille de Tricipitinus, épouse de Collatin, et lorsque cette femme généreuse eut vengé sur elle-même cet outrage en se donnant la mort, alors un homme plein de génie et de vertu, L. Brutus délivra ses concitoyens de l'injuste servitude dont le joug les écrasait. Simple particulier, il prit en main la défense de tout l'État ; et le premier parmi nous il montra que pour sauver la liberté commune tout homme a qualité et pour ainsi dire caractère public. A son appel, à son exemple, toute la ville se soulève : les plaintes encore toutes vives du père de Lucrèce et de ses proches, le souvenir des insolences de Tarquin, des injures de toute sorte dont lui et ses fils s'étaient rendus coupables, provoquent l'exil du roi, de ses enfants et de toute sa race.

Réflexions sur les causes et sur les conséquences de cette révolution. — Considérations sur les dangers inévitables du pouvoir monarchique qui doit toujours aboutir au despotisme.

XXVI. Voyez-vous comment du roi sortit le tyran [1], et comment, par la faute d'un seul, une forme excellente de gouvernement devint la pire de toutes. C'est bien en effet le caractère de ce maître absolu du peuple que les Grecs nomment tyran : ils réservent, vous le savez, le nom de roi à celui qui pourvoit comme un père aux intérêts du peuple, et maintient dans la condition la plus heureuse ceux dont il est le chef. C'est assurément une forme de gouvernement fort bonne en soi, comme je l'ai dit, mais qui est sur la pente de la plus mauvaise de toutes, et y est comme fatalement entraînée. En effet, dès que le roi a

envers les soldats, cet art qu'il eut d'intéresser tant de gens à sa conservation, ses ouvrages publics, son courage à la guerre, sa constance dans son malheur, une guerre de vingt ans qu'il fit ou qu'il fit faire au peuple romain, sans royaume et sans biens, ses continuelles ressources font bien voir que ce n'était pas un homme ordinaire. — Les places que la postérité donne sont sujettes, comme les autres, aux caprices de la fortune. Malheur à la réputation de tout prince qui est opprimé par un parti qui devient le dominant, ou qui a tenté de détruire un préjugé qui lui survit. » (MONTESQUIEU.) — Lire aussi la solide critique que M. Villemain présente de cette « hypothèse ingénieuse et brillamment exprimée. »

1. Voir la définition de tyran dans ARISTOTE (*Politiq.*, V, 8). — Cf. POLYBE, VI, 7.

changé son autorité en une domination injuste, par la force
des choses il devient immédiatement un tyran, c'est-à-dire
l'être le plus horrible, le plus affreux, le plus détesté des
dieux et des hommes que l'on puisse imaginer : il a la figure d'un homme, mais, par la férocité de son caractère, il
surpasse les bêtes les plus cruelles. Peut-on encore appeler
du nom d'homme celui qui ne veut désormais reconnaître,
entre lui et ses concitoyens et même le reste des hommes,
aucun partage de droits naturels, aucune communauté
de sentiments humains? Mais nous aurons une meilleure
occasion de parler de la tyrannie, quand notre sujet nous
aura amené à condamner les citoyens qui, dans un état
dès longtemps affranchi, ont aspiré à la domination.

XXVII. Vous venez de voir chez nous le premier *tyran*.
Les Grecs ont voulu que ce nom fût affecté aux rois injustes, et les Romains ont appelé *rois* indistinctement tous
ceux qui ont exercé seuls et sans contrôle une autorité perpétuelle sur le peuple. C'est pourquoi Spurius Cassius[1],
M. Manlius, et Spurius Mœlius furent accusés d'avoir
voulu usurper la royauté; et naguère encore Tib. Gracchus.

[Lacune de deux pages.]

.....A Lacédémone, *Lycurgue* désigna sous le nom d'anciens ou vieillards (γέροντας) les vingt-huit citoyens (c'était
un trop petit nombre) à qui appartenait le droit de décision
suprême, tandis que le roi gardait le droit suprême de commandement. A l'exemple de Lycurgue et en traduisant son
expression, les Romains ont appelé *Sénateurs* (*Senes*) ceux
qu'il avait nommés *Anciens* ou vieillards : c'est ce que fit
Romulus pour les *Pères* qu'il avait choisis. Cependant, dans
un État ainsi constitué, il arrive que la prérogative et le
titre de roi absorbent les autres pouvoirs, et prédominent.
Accordez même, comme l'ont fait Lycurgue et Romulus,
quelque puissance au peuple : vous ne réussirez pas à le
rassasier de liberté, vous ne faites qu'enflammer son ardeur d'indépendance, en lui permettant seulement de goû-

1. SP. CASSIUS, auteur de la première | av. J.-C. — Manlius Capitolinus, le sau-
loi agraire, condamné par le Sénat à être | veur du Capitole, eut le même sort en
précipité de la roche Tarpéienne, 485 | 384.

ter de la puissance. De plus, le peuple aura toujours suspendue sur sa tête la crainte que son roi ne se change en tyran, ce qui arrive presque toujours. C'est donc une fortune bien fragile, celle d'un État où, comme je l'ai dit, tout dépend du bon plaisir et du caractère d'un seul homme.

Caractère du sage et honnête politique, opposé à celui du Tyran.

XXIX. Ainsi le premier type du tyran et l'origine même de la tyrannie, nous venons de les trouver dans cet Etat que Romulus avait fondé sous des auspices divins, et non dans cette république idéale dont Socrate avait esquissé les traits en ses doctes promenades, et que Platon nous a décrite d'après lui. Maintenant, à ce Tarquin qui, sans usurper de nouveaux pouvoirs, mais en abusant de ceux qu'on lui avait confiés, a perdu l'autorité royale, nous pouvons opposer un autre type : celui d'un homme de bien, sage et habile à distinguer les intérêts comme à maintenir l'honneur de l'Etat, véritable *tuteur* de la chose publique qu'il administre : un beau titre que méritent ceux qui excellent à conduire et à gouverner une cité ! Reconnaissez cet homme aux traits qui le distinguent : c'est celui qui, par le conseil comme par l'action, peut assurer les destinées de son peuple. Si nous n'avons pas encore beaucoup parlé de ce caractère dans notre entretien, nous aurons souvent l'occasion d'y revenir dans la suite de ce discours.

[Lacune de douze pages.]

Utilité de l'étude de l'histoire pour établir, en dehors des utopies chimériques, les vrais et solides fondements de la science politique.

XXX. Platon, dans sa République, a divisé d'une façon égale entre les citoyens le territoire et les demeures ; il a restreint l'étendue de la cité, qu'il construit d'ailleurs sur un plan plus séduisant que facilement réalisable[1] : c'est une pure utopie, à l'aide de laquelle il veut nous faire apercevoir les principes de la science politique. Quant à moi je n'ai pas d'autre ambition que d'essayer d'appliquer ces mêmes principes, non pas sur une ombre et une image chimérique de

---

1. C'est le système *communiste*, lequel, n'en déplaise à Scipion, n'est pas à souhaiter, et reste heureusement irréalisable : à peine ce système absurde

république idéale, mais sur la réalité même prise dans l'histoire de la plus puissante des républiques, de façon à faire, pour ainsi dire, toucher du doigt les causes du bien et du mal publics.

Après que les rois eurent gouverné Rome pendant deux cent quarante années et un peu plus, en tenant compte des interrègnes, et que Tarquin eut été chassé, le peuple romain conçut pour le nom de roi autant de haine qu'il avait témoigné de regrets après la mort, ou plutôt après la disparition de Romulus. Alors il n'avait pu se passer de roi : Tarquin banni, il ne pouvait même souffrir qu'on prononçât ce nom de roi [1]...

[Lacune de seize pages.]

Suite des événements. — Mesures populaires de Valérius Publicola. — Droit d'appel au peuple.

XXXI.... Aussi cette belle constitution de Romulus, après s'être maintenue environ deux cent vingt ans..... (*Nonius, de doct. Indag.* p. 526.) ..... Cette loi fut abrogée. C'est dans un tel esprit de réaction que nos ancêtres bannirent Collatin, tout innocent qu'il fût, pour cela seul qu'il était parent des Tarquins, et avec lui toute la famille des Tarquins, en haine de leur nom. Dans le même esprit encore, L. Valérius fit le premier abaisser ses faisceaux, quand il parlait dans l'assemblée du peuple, et transporta sa demeure au pied du mont Véli, dès qu'il remarqua que le peuple prenait quelque ombrage de le voir bâtir sa maison sur le haut de cette colline, à l'endroit même où avait habité le roi Tullius. Jamais d'ailleurs il ne mérita mieux son surnom de *Publicola* (ami du peuple) que lorsqu'il porta devant le peuple la première loi qui fut votée dans les comices par les centuries, défendant de mettre à mort ou de frapper de verges un citoyen qui en appelait au peuple [2]. Ce droit d'appel

et odieux a-t-il pu être appliqué quelque temps à une petite république, pauvre et barbare, comme la Sparte de Lycurgue?

1. Les Romains, dégénérés, conservèrent encore cette horreur du nom de roi. — Les historiens ne me paraissent pas avoir suffisamment expliqué cette antipathie.

2. An 505 de Rome. (Voir Tite Live, X, 9.) « Lex Porcia gravi pœna, si quis verberasset, necassetve *civem romanum*, sanxit. »

existait déjà du temps des rois, comme en font foi les livres des pontifes et des augures ; et on voit de même par plusieurs lois des *Douze Tables* qu'il était permis aux citoyens d'appeler de tout jugement et de toute condamnation ; et ce fait même, tout exceptionnel, que les dix magistrats (*les Décemvirs*) chargés de rédiger les lois furent investis du droit de juger sans appel, prouve bien que les autres magistrats ne furent pas établis dans les mêmes conditions. Lucius, Valérius Potitus et M. Horatius Barbatus, dans un intérêt populaire que justifiait l'amour de la concorde, ordonnèrent, par une loi consulaire, qu'aucun magistrat ne serait créé sans appel. Les lois Porcia, qui sont dues à trois Porcius, n'ajoutèrent rien de nouveau, vous le savez, que la sanction pénale. Valérius, après avoir fait voter cette loi sur le droit d'appel, fit sur-le-champ ôter les haches des faisceaux consulaires ; et le lendemain il se donna pour collègue Sp. Lucrétius. Comme Spurius était plus âgé que lui, il lui envoya les licteurs ; et il établit le premier que chaque mois les licteurs précéderaient chacun des consuls alternativement, pour qu'il n'y eût pas plus d'insignes du commandement dans un État libre qu'il n'y en avait du temps de la royauté [1]. Ce ne fut certes pas, à mon avis, un homme médiocre celui qui, en accordant au peuple une liberté sagement mesurée, put garantir plus facilement ainsi l'autorité des grands. Ne croyez pas que ce soit sans motifs que je m'arrête ainsi sur ces origines de notre droit public, qui sont vraiment pour vous de l'histoire ancienne : j'aurais à cœur, en choisissant des personnages et des temps bien connus, de fixer et de rendre sensibles ces types d'hommes politiques, et ces modèles d'institutions auxquels je veux rapporter ma théorie.

Combinaison des trois éléments : démocratique, aristocratique et monarchique, dans la constitution de Rome.

XXXII. En ces temps-là, le sénat maintint la république dans un état tel que, chez ce peuple si libre, peu de choses se faisaient par le peuple, et presque tout par l'autorité, les

1. Voir Tite Live, livre II, chap. 8.

maximes et les usages du sénat, tandis que les consuls avaient des attributions essentiellement royales, mais dont la durée ne pouvait excéder une année. En même temps on défendait vigoureusement et on maintenait le principe et la plus solide garantie du pouvoir aristocratique, en établissant que les décisions du peuple n'auraient force de loi qu'après avoir été ratifiées par l'approbation du sénat.

Vers ce même temps, dix ans environ après l'établissement du consulat, on créa un dictateur, T. Lartius : c'était une magistrature toute nouvelle qui parut ressembler de fort près à la royauté. Cependant les grands conservaient la haute main sur les affaires les plus importantes, sans que le peuple réclamât ; et à cette époque, de grandes choses furent faites à la guerre par ces dictateurs et ces consuls, justifiant par leur courage la confiance qui les avait investis du pouvoir suprême.

Tentatives du peuple pour arriver à l'égalité des droits.—Création du *tribunal.* — L'autorité du sénat se maintient en face de cette institution. — Echec de Spurius Cassius.

XXXIII. Mais comme, par la force même des choses, le peuple, délivré de la royauté, devait réclamer pour lui-même un peu plus de pouvoir, il réussit dans cette entreprise en assez peu de temps, seize ans après, sous le consulat de Posthumus Cominius et de Sp. Cassius. La tentative ne fut peut-être pas fort raisonnable ; mais la raison est souvent dépassée par le développement naturel et spontané des institutions. C'est ici qu'il faut vous rappeler le principe que je posais en commençant : si, dans une cité politique on ne trouve pas une équitable répartition des droits, des devoirs et des fonctions entre les citoyens, de manière à donner assez de pouvoir effectif aux magistrats, assez d'autorité aux conseils des grands, au peuple enfin assez de liberté, on ne peut faire fond sur la stabilité de cette république. A Rome, les dettes excessives du peuple ayant amené du trouble dans l'État, la multitude se retira sur le mont Sacré d'abord, puis sur le mont Aventin.

Les lois mêmes de Lycurgue n'avaient pas eu assez de force pour réfréner chez les Grecs le débordement des passions populaires; et même, à Sparte, il avait fallu créer, sous le règne de Théopompe, cinq *Éphores* (ou surveillants), et en Crète, les *Cosmes* (ordonnateurs) pour les opposer aux rois, comme on créa chez nous les tribuns pour les opposer au pouvoir consulaire.

XXXIV. Nos ancêtres auraient pu peut-être trouver quelque moyen de remédier à ce fléau de la dette[1]. Solon, peu de temps auparavant, avait pris à cet effet une mesure que nos sénateurs imitèrent, lorsqu'à propos de l'indignation qu'excita la violence d'un créancier, ils libérèrent tous les citoyens dont la personne était *engagée*, et défendirent qu'on suspendît désormais leur liberté. Et dans toutes ces circonstances où les plébéiens, ruinés par les malheurs publics, succombaient sous le poids de la dette, on chercha, dans l'intérêt commun, à soulager et à guérir un tel mal. Mais, au moment dont nous parlons, on négligea cette prudente politique; et le peuple trouva dans une révolte l'occasion de créer deux tribuns pour le défendre, et d'affaiblir ainsi la puissance et l'influence du sénat. Il faut convenir cependant que ce pouvoir conserva de l'autorité et de la force : l'aristocratie se recommandait par les services éminents que rendaient à l'État des hommes aussi courageux à la guerre que sages dans les conseils; et on s'expliquera facilement leur influence, si l'on songe que quoique supérieurs au reste des citoyens par leurs dignités, ils se montraient moins avides de plaisirs, et n'avaient pas une fortune beaucoup plus considérable[2]; enfin les vertus publiques de chacun d'eux étaient d'autant plus agréables au peuple que, dans les affaires privées, ils se montraient fort em-

---

1. « Solon ordonna que personne ne serait obligé par corps pour dettes civiles. » (Montesquieu, *Esp. des Lois*, liv. XI.) On connaît l'atroce rigueur des anciennes lois de Rome contre le débiteur insolvable. — « Ces lois cruelles contre les débiteurs (*il fut d'abord permis de les vendre*) mirent bien des fois en danger la république romaine. Un homme couvert de plaies s'échappa de la maison de son créancier et parut dans la place. Le peuple s'émut à ce spectacle. D'autres citoyens, que leurs créanciers n'osaient plus retenir, sortirent de leurs cachots. On se retira sur le mont Sacré. Il n'obtint pas l'abrogation de ces lois, mais un magistrat pour le défendre. On sortait de l'anarchie : on pensa tomber dans la tyrannie. » (Montesquieu, *Esprit des Lois*, liv. XI.)

2. Cicéron nous fait entendre que c'était une aristocratie pauvre et laborieuse.

pressés à mettre au service de tous les citoyens leur aide, leurs conseils et leurs biens[1].

XXXV. Dans cette situation de l'Etat, Sp. Cassius, dont la popularité était alors extrême, fut accusé par le questeur d'aspirer à la tyrannie, et mis à mort, comme vous le savez, sur le consentement même du peuple, et après que son propre père eut déclaré qu'il tenait son fils pour coupable. Cinquante-quatre ans environ après le premier consulat, Sp. Tarpeius et A. Aternius, consuls, firent encore une chose agréable au peuple, en faisant voter, dans les comices par centuries, une loi qui substituait l'amende aux peines corporelles. Vingt ans plus tard, comme les censeurs L. Papirius, P. Pinarius avaient, en appliquant l'amende, confisqué, au profit de l'État, les troupeaux d'un grand nombre de particuliers, une loi de C. Julius et de P. Papirius atténua la gravité des amendes, en spécifiant le prix auquel devait être estimé le bétail confisqué.

Création des décemvirs. — Rapide décadence de cette institution — et nouvelle révolution.

XXXVI. Mais quelques années auparavant, à une époque où l'autorité du Sénat était très-grande, et où le peuple la subissait sans murmures, on inaugura un nouveau système : les consuls et les tribuns du peuple se démirent de leurs charges, et l'on créa dix magistrats (*décemvirs*) investis d'un pouvoir absolu et sans appel : ils devaient avoir l'autorité suprême et rédiger un code de lois. Ces dix hommes composèrent avec beaucoup d'équité et de sagesse dix tables de lois[2], et désignèrent, pour les remplacer l'année suivante, d'autres décemvirs qui ne montrèrent ni le même désintéressement ni la même justice. Il faut pourtant rappeler un trait fort honorable de l'un d'eux, C. Julius. Un cadavre avait été déterré, en présence même du décemvir, dans la chambre du patricien L. Sextius : quoique la déclaration du décemvir, qui jugeait sans appel, dût suffire, C. Julius voulut bien admettre la caution de l'ac-

---

1. C'est le beau côté du rôle des patriciens, à l'origine du moins.
2. Cicéron ne dit en aucune façon que ces lois fussent empruntées à Solon, comme on l'a prétendu. —La rédaction de ce code eut lieu vers l'an 300.

cusé, en déclarant qu'il n'entendait pas violer la loi si belle qui réservait aux comices assemblés par centuries le droit de statuer sur la vie d'un citoyen romain.

XXXVII. Une troisième année commença sans que les décemvirs eussent changé, ni désigné d'autres successeurs. La république se trouvait donc dans une de ces situations que j'ai déclaré ne pouvoir durer, parce que l'égalité ne subsiste plus entre les divers ordres, toute la puissance étant aux mains des grands, représentés par dix hommes des premières familles, qui gouvernaient sans contrôle de la part des tribuns, sans le concours d'aucune autre magistrature, sans qu'il y eût appel au peuple contre la mort ou les coups. Aussi leurs injustices provoquèrent un grand désordre dans l'Etat, et une nouvelle révolution. Ils avaient ajoutés deux tables de lois iniques, qui avaient interdit les mariages entre les plébéiens et les patriciens : mesure odieuse, puisque les mariages avec des étrangers ont toujours été de droit commun. Cette interdiction fut abolie plus tard par le plébiscite de Canuleius[1]. Les décemvirs ne firent donc preuve dans leur administration que de mauvaises passions, de cruauté et d'avarice. On sait, — et c'est une glorieuse histoire célébrée dans tous nos monuments littéraires, — que Déc. Virginius tua de sa propre main sa fille sur la place publique, pour la soustraire aux violences d'un de ces décemvirs, et se réfugia désespéré près de l'armée romaine, campée alors sur le mont Algide ; on sait que les soldats abandonnèrent à l'instant la guerre à laquelle ils étaient occupés, et s'établirent en armes d'abord sur le mont Sacré, comme la multitude l'avait fait naguère dans une circonstance analogue, ensuite sur le mont Aventin[2]...... »

[Lacune de douze pages.]

1. Relire le discours que Tite Live met à cette occasion dans la bouche de Canuleius.

2. Voir, sur les résultats de ces événements, MONTESQUIEU, *Esprit des Lois*, XI. « Le spectacle de la mort de Virginie, immolée par son père à la pudeur et à la liberté, fit évanouir la puissance des décemvirs. Chacun se trouva libre, parce que chacun fut offensé. Tout le monde devint citoyen, parce que tout le monde se trouva père. Le sénat et le peuple romain rentrèrent dans une liberté qui avait été confiée à des tyrans ridicules. Le peuple romain, plus qu'aucun autre, s'émouvait par des spectacles. Celui du corps sanglant de Lucrèce fit finir la royauté. Le débiteur qui parut

..... **L.** Quinctius fut nommé dictateur.... (Philagyrius *ad Georg.* 111, 125.)

..... J'estime que nos ancêtres ont très-fort approuvé et fort sagement maintenu *cet usage*......

Après cette exposition des origines de la constitution romaine, il conviendrait de déterminer d'une manière générale les caractères d'un bon gouvernement. — Des principaux devoirs de l'homme d'Etat. — La justice est le fondement le plus solide des Etats.

XXXVIII. Scipion ayant ainsi parlé, et tout le monde attendant en silence la suite de son discours, Tubéron prit la parole : « Puisque mes aînés, dit-il, ne paraissent rien avoir à te demander, je vous dirai moi-même ce que ton exposition me laisse à désirer.» — «Très-volontiers, répondit Scipion.» — « Tu viens, reprit Tubéron, de faire l'éloge de la constitution romaine, et Lælius t'avait interrogé sur les conditions essentielles de toute espèce de gouvernement, et non pas seulement du nôtre en particulier. Or, je n'ai pas appris dans ton discours, par quelle conduite, quelles mœurs et quelles lois nous pourrions fonder et défendre cette forme de gouvernement à laquelle tu donnes tant d'éloges. »

XXXIX. L'Africain répondit : « Je pense que nous aurons bientôt l'occasion de parler des principes qui président à l'établissement et à la défense des institutions politiques [1]. Mais, quant à ce qui regarde la meilleure forme de gouvernement, je m'imaginais avoir suffisamment répondu à la demande de Lælius. J'avais tout d'abord reconnu trois espèces de gouvernement raisonnables, et trois autres espèces fort dangereuses, opposées aux premières dont elles marquent l'excès ; j'avais établi que, de ces trois premières formes de gouvernement, aucune, prise à part et à l'exclusion des autres, n'était absolument bonne, et qu'à chacune d'elles il convenait de préférer celle qui les combine dans une équitable proportion. En prenant notre république

sur la place, couvert de plaies, fit changer la fortune de la république. La vue de Virginie fit chasser les décemvirs. Pour condamner Manlius, il fallut ôter au peuple la vue du Capitole. La robe sanglante de César remit Rome dans la servitude. » (MONTESQUIEU, *Esprit des Lois*, XI.)

1. Peut-être au livre V ou au livre VI, presque entièrement perdus pour nous.

comme exemple, je n'ai pas eu dessein de définir d'une façon purement abstraite la meilleure forme de gouvernement, cela pouvant très-bien se faire sans aucun exemple particulier ; je voulais seulement rendre sensible, par l'histoire d'un grand État, ce que le raisonnement et le discours n'auraient exprimé que d'une façon générale. Que si tu désires déterminer la meilleure forme de gouvernement, sans t'appuyer sur l'exemple d'aucun peuple, il te faut regarder la nature même à l'œuvre ; puisque l'image de ce peuple et de cette cité[1]......

[Lacune considérable.]

XL..... Ce caractère que je cherche depuis longtemps, et auquel je suis pressé d'arriver. » — *Lælius :* Tu veux parler du sage politique. — *Scipion :* Précisément. — *Lælius :* Tu en trouveras une assez belle réunion, à commencer par toi. — *Scipion :* « Plût aux dieux que le Sénat nous offrît la même proportion ! Mais, enfin, je comparerais le vrai politique à ces hommes que j'ai vus souvent en Afrique, assis sur le cou d'un animal monstrueux qu'ils maîtrisent et gouvernent à leur gré, le faisant obéir au plus léger avertissement et sans le moindre effort. » — *Lælius :* Je connais ces hommes et je les ai vus souvent, quand j'étais ton lieutenant en Afrique. » — *Scipion :* « Il y a cette différence que cet Indien ou ce Carthaginois ne maîtrise qu'un seul animal, rendu déjà docile et apprivoisé avec les habitudes de l'homme ; tandis que ce principe qui réside au fond de l'âme humaine, et qu'on nomme la raison, doit réfréner et dompter un monstre multiple et bien autrement difficile à soumettre : aussi n'y réussit-elle que rarement. Il faut réduire à l'obéissance cette bête féroce.....

[Lacune d'au moins quatre pages.]

XLI..... Qui se nourrit de sang, qui se repaît avec délices de cruautés de toute sorte, et que le meurtre et le carnage des hommes peuvent à peine assouvir.

...... L'homme avide, passionné, livré à l'anarchie de ses

---

1. On peut retrouver cette image dans l'étude de la nature, c'est-à-dire, à la façon de Platon, dans l'étude de l'âme humaine et de ses facultés bien équilibrées.

désirs, et se roulant dans les voluptés…. (Nonius, v. *Volutabundus* p. 491.)

Il y a trois affections ou passions de l'âme qui précipitent l'homme dans tous les crimes : la colère, la cupidité, la concupiscence. La colère réclame la vengeance ; la cupidité veut des richesses, la concupiscence des voluptés. (Lactance, *Inst.* I, vi, 19.)

La quatrième espèce de *chagrin* est l'*anxiété* qui, toujours prompte à s'affliger, se tourmente incessamment elle-même[1].(Nonius, v. *Anxitudo*, ii, 32.)

Il y a *angoisse* lorsque l'âme est abattue et comme brisée par la crainte et la lâcheté qui la suit…. (Nonius, v. *Timor*, p. 228.)

Comme un cocher inhabile est jeté hors de son char, écrasé, déchiré et mis en pièces. (Nonius, v. *Elidere*, p. 292.)

Les passions de l'âme sont semblables à un *char attelé*[2]. Pour le bien conduire, le cocher doit avant tout connaître la route ; s'il est dans la bonne voie, quelle que soit la rapidité de sa course, il ne heurtera pas ; s'il s'égare du droit chemin, avec quelque lenteur et quelque timidité qu'il avance, il s'embarrassera dans des passages impraticables, il tombera dans des précipices, ou tout au moins il n'ira pas où il a besoin d'aller. (Lactance, *Inst.* vii, 17.)

XLII. *Lælius* reprit alors : « Je vois, oui, je vois distinctement maintenant quels devoirs et quelles charges tu imposes à ce sage politique dont j'attendais le portrait. » — *Scipion :* « De fait, je n'exige de lui qu'une seule chose, mais qui renferme toutes les autres : c'est qu'il ne cesse jamais de s'étudier et de se former lui-même, afin d'inviter les autres à l'imiter, et de s'offrir par la pureté de son âme et l'éclat de sa vie, comme un miroir à ses concitoyens.

De même que par les vibrations des cordes de la lyre, par les accents des flûtes, les inflexions du chant et des diverses voix, se forme un concert, lequel résulte de l'accord de sons distincts, et où pourtant les oreilles savantes ne sau

----

1. Ce sont les passions, *ægritudines animi*, vraies maladies de l'âme, à nuances très-variées. Ces nuances sont distinguées par Cicéron, dans les *Tusculanes* (IV, 6, 7, 8, 9), avec un luxe extrême de définitions, empruntées aux stoïciens.

2. Voir la note 1 de la page 40 sur cette comparaison toute platonicienne.

raient supporter la moindre note fausse ou discordante; de même que l'harmonie repose sur le mélange habile des voix les plus dissemblables : ainsi les différents ordres d'un État représentent comme les divers tons, haut, bas et moyen; et leur accord symétrique produit l'harmonie de la cité par l'alliance des éléments les plus opposés. En effet, ce qu'on appelle harmonie dans la musique, c'est dans l'État la concorde, le plus solide gage du salut public dans toute espèce de gouvernement; et cette concorde ne peut exister sans la justice[1]. »

XLIII. Après que Scipion eut montré avec quelque détail combien la justice est utile aux États, et combien leur est funeste l'injustice, Philus, un de ceux qui assistaient à l'entretien, prit la parole et demanda que cette question fût discutée avec plus d'étendue, et qu'on ne craignît pas d'insister sur ce sujet, pour répondre à cette maxime trop généralement reçue, « qu'il n'y a pas de gouvernement possible sans injustice. » — *Cité de Dieu* de saint Augustin, II, 21.

XLIV...... Scipion répondit : « Je suis pleinement de ton avis, et je vous déclare même que nous n'avons encore rien dit jusqu'à présent sur la république qui ne doive être tenu pour nul, et que nous ne pouvons passer plus avant, si nous n'établissons parfaitement ces deux points : il est faux d'abord qu'on ne puisse gouverner sans injustice; et ensuite, il est vrai qu'il n'y a pas de gouvernement possible sans une extrême justice. Mais, si vous le voulez bien, en voilà assez pour aujourd'hui. Remettons à demain la suite de notre discussion qui est bien loin d'être épuisée. Cet avis parut bon et l'entretien de ce jour fut ainsi terminé.

---

1. Ce passage est dans la *Cité de Dieu*, de saint Augustin. Comp. MONTESQUIEU cité par M. VILLEMAIN. « Ce que l'on appelle union dans un corps politique, est une chose fort équivoque. La vraie est une *union d'harmonie*, qui fait que toutes les parties, quelque opposées qu'elles nous paraissent, concourent au bien général, comme les dissonances, dans la musique, qui concourent à l'accord total. » (*Grandeur et décad. des Rom.*, chap. 10.)

2. C'est encore saint Augustin (*Cité de Dieu*, II, 21) qui, dans ce passage, nous indique la transition probable du IIe au IIIe livre. Nous trouverons, en effet, dans les fragments conservés du livre suivant, une partie de la thèse paradoxale de Philus, « qu'on ne peut gouverner sans le secours de l'injustice. » Scipion répondra à cette thèse immorale, très-familière aux sophistes. (Voir *le Gorgias* et *la République*, liv. VII, et surtout liv. II : Argumentations de Adimante et de Glaucon contre Socrate.)

LIVRE III.

ARGUMENT.

I. Cicéron, dans une espèce de préambule, nous entretient de la grandeur et de la misère de l'âme humaine.—Eloge de la raison,—qui est dans l'homme la marque de sa divine origine,—qui a créé le langage, l'écriture et les différents arts, — et qui est aussi le fondement des sociétés politiques. (Comparaison — toute à l'avantage de Rome — des politiques et des législateurs grecs avec les législateurs et les hommes d'Etat romains.) — Toute société repose sur la justice.

II. Discussion sur l'origine de l'idée du juste.—Il y a un *droit naturel* qui est le fondement du *droit civil ou écrit.*—Un des interlocuteurs, Philus, se résigne à se faire, pour un instant, l'avocat d'une cause détestable, en soutenant que ce qui constitue le droit c'est la loi, ou plutôt qu'il n'y a d'autre *droit* que celui de la *force.*—Reproduisant les arguments sceptiques de Carnéade, il s'appuie, pour nier le droit naturel et l'idée *innée* de justice : 1° sur les contradictions des philosophes et des législateurs ; 2° sur la diversité des mœurs, des coutumes, des lois chez les différents peuples, et aux différentes époques de leur histoire.—A l'idée du devoir ou du juste, il faut substituer le *mobile intéressé de l'utile*, seul fondement et unique garantie des sociétés et des pouvoirs. —Parallèle du juste méconnu ou persécuté et du méchant honoré et triomphant. — Apologie de l'habileté et de la *morale du succès :* tous les moyens par lesquels on trompe ou on opprime les hommes sont bons, pourvu qu'ils réussissent.

III. Lœlius répond à ces paradoxes de Philus. — Il y a une loi *naturelle, immuable et absolue*, qui n'est pas autre à Rome, autre à Athènes, etc. — Point de salut pour les Etats hors de la justice. — Scipion ajoute que sans la justice, tout pouvoir dégénère en tyrannie insupportable : c'est le triomphe de l'arbitraire, de la licence et de l'anarchie.

ARGUMENT *tiré de saint Augustin (Cité de Dieu, liv.* II, *chap.* XXI).

La discussion est reprise avec chaleur au *Troisième livre.* — Philus soutient l'opinion de ceux qui pensaient que l'on ne peut gouverner les hommes sans injustice, et proteste toutefois que cette opinion n'est pas la sienne. Il plaide à fond pour l'injustice contre la justice, et, ne négligeant aucune raison, aucun exemple spécieux, il semble s'étudier à démontrer réellement l'utilité de l'une, et l'inutilité de l'autre. — Alors, Lœlius, sollicité d'une commune voix, prend en main la défense de la justice, et soutient de tout son pouvoir qu'il n'est pas pour un Etat d'ennemi plus dangereux que l'injustice : sans une justice rigoureuse, point de gouvernement, point de stabilité possible.

Cette question paraissant suffisamment débattue, Scipion reprend son discours. Il rappelle et recommande cette courte définition qu'il a donnée de la république, la *chose du peuple*, selon lui. Or, le peuple n'est pas une réunion fortuite, mais une association qui repose sur la sanction du droit et la communauté d'intérêt. Il montre ensuite l'importance logique de la définition, et conclut de la sienne que la république, la chose du peuple, n'existe en vérité qu'autant qu'elle est bien et sagement gouvernée ou par un roi, ou par quelques citoyens recommandables, ou par tout le peuple. Or, que le roi soit injuste, *tyran*, disent les Grecs ; que les oligarques soient injustes par un accord qu'il appelle *faction*; qu'enfin le peuple lui-même soit injuste, et, faute d'expression usitée, il lui donne aussi le nom de tyran : dès lors la république n'est pas seulement corrompue, selon les conclusions de la veille; mais aux termes de la définition même pressée par la raison, la république n'est plus, puisqu'elle a cessé d'être la chose du peuple pour devenir la proie d'une tyrannie factieuse; puisque le peuple injuste cesse d'être peuple, s'il est vrai que le peuple ne soit point une réunion fortuite, mais une association qui repose sur la sanction du droit et la communauté d'intérêt. (*Extrait de la traduction de la Cité de Dieu, par L. Moreau.*)

***

Préambule. — I, II, III, IV. L'homme, qui semble disgracié de la nature, a quelque chose en lui de divin, qui est la raison. — C'est la raison qui a inventé le langage, l'écriture et les sciences. — L'œuvre le plus noble et le plus utile de la raison, c'est la constitution des sociétés. — *Théorie du génie* et des caractères des grands hommes : les hommes vraiment grands sont ceux qui se dévouent, par la pensée et surtout par l'action, au bien de leurs semblables ; supériorité des politiques et des hommes d'Etat législateurs sur les philosophes spéculatifs.

Cicéron avait fait précéder le troisième entretien d'un prologue, où il parlait en son nom. Ce qui reste ici de ce début présente d'assez grandes pensées pour donner une haute idée du morceau original. On voit que pour préluder à l'examen approfondi de la question de *la justice*, qui renferme nécessairement la question d'une morale primitive, Cicéron était remonté à l'origine et à l'essence de l'homme, et avait recherché les premiers développements de ses facultés et de son intelligence. C'était là sans doute que se rapportait un fragment du *troisième* livre de la République cité par saint Augustin, et qui ne se retrouve pas dans le manuscrit du Vatican[1] :

I. « La nature, plus marâtre que mère[2], a jeté l'homme dans la vie avec un corps nu, frêle et débile, une âme que l'inquiétude agite, que la crainte abat, que la fatigue épuise, que les passions emportent, mais où cependant reste comme à demi étouffée une divine étincelle d'intelligence et de génie.» (*Note extraite de l'édition donnée par M. Villemain.*)

Plaçons encore ici un fragment de Lactance, inséré par Moser : « L'homme, qui est né faible et désarmé, parvient cependant à se mettre en sûreté contre tous les autres animaux; tandis que les animaux les plus robustes, ceux mêmes qui supportent aisément toute l'inclémence du ciel, ne peuvent se défendre contre l'homme. On voit donc que la raison est plus utile à l'homme que leur forte nature ne l'est aux autres animaux, puisque ceux-ci, malgré la vigueur de leurs muscles et la dureté de leur corps, ne peuvent éviter de tomber sous nos coups ou de devenir nos esclaves... Platon rend grâces à la nature de lui avoir donné la condition humaine...» (Lactance, *de Opificio Dei*, chap. III.)

II... L'homme s'avançait lentement; la vitesse des animaux, ses serviteurs, lui a donné des ailes... Il ne faisait d'abord entendre que des sons imparfaits et confus : c'est l'intelligence qui lui apprit à séparer et à distinguer nettement les diverses articulations de la voix; elle a attaché le mot à la chose, pour en être comme la représentation ou le signe ; et, ainsi, elle a réuni les hommes, auparavant dispersés, par ce doux commerce du langage[3]. Grâce à cette

---

1. Saint Augustin nous dit : « Dans le troisième livre de *la République*, Cicéron fait remarquer que l'homme, quoiqu'il paraisse disgracié de la nature, a du moins en partage le don tout divin de la raison. (ST AUG., *Contra Julianum*, IV, 12.)

2. La nature a traité l'homme en marâtre... — Idée souvent exprimée par les anciens : « Homo nudus in terra nuda, » dit Pline l'Ancien. Voir *Hist. natur.*, liv. VII : *De homine*. « Non est satis æstimare natura parens melior homini an tristior noverca fuerit... hominem nudum et in nuda humo, natali die abjicit ad vagitus statim et ploratum... »

3. On voit que Cicéron admet ici que le *langage* est d'invention toute humaine ; Lucrèce développe cette erreur psychologique en beaux vers : *De nat. rerum*, V, 1027 (édit. de M. Crousle), et HORACE, *Satir.*, I, III, 103. — Sur la question de l'origine du langage, et les solutions qui en ont été données, cons. nos *Résumés de philos.*, pages 99 et suiv. — L'homme a une *faculté naturelle* d'expression ou de parole, comme il a une *faculté* de penser, et au même titre (*ratio, oratio*,

même intelligence, les sons de la voix qui paraissaient infinis purent être tous représentés et exprimés par un petit nombre de caractères [1], qui nous permettent de converser avec les absents, de laisser un témoignage de nos volontés, et de conserver le souvenir du passé. Vint ensuite l'usage des nombres, chose si nécessaire à la vie, et qui seule est immuable et éternelle [2] : la science des nombres nous poussa à lever les yeux vers le ciel, à contempler désormais avec profit les mouvements des astres, et à faire les calculs utiles de la succession des jours et des nuits...

[Lacune de huit pages.]

III. Il y eut alors des hommes dont les âmes s'élevèrent plus haut [3], et qui purent exécuter ou concevoir quelques grandes choses vraiment dignes de ce bienfait de la raison, qui est, selon moi, un présent des Dieux. Assurément ceux qui ont discuté sur la morale, et nous ont donné des règles pour la conduite de la vie, doivent être tenus pour de grands hommes, comme ils le sont en effet ; qu'on les appelle encore des *savants*, qu'ils soient considérés comme les précepteurs de la vérité et de la vertu : j'y consens de bon cœur, pourvu que l'on m'accorde que la science du gouvernement et de la conduite politique des peuples n'est pas non plus médiocrement estimable : qu'on la prenne dans les applications qu'en firent les hommes mêlés aux affaires dans les diverses sociétés, ou dans les spéculations qu'elle a fournies aux loisirs et à l'éloquence de ces sages, elle a pour effet de faire éclore, comme on l'a vu souvent, dans des esprits supérieurs, une puissance de vertu incroyable et vraiment divine. Et lorsqu'à ces ressources de l'âme, facultés reçues de la nature ou dévelop-

---

En ce sens, la parole est d'institution *divine* comme la raison. L'école sensualiste (CONDILLAC, etc.) a méconnu cette importante vérité. Du reste les idées de Cicéron ne paraissent pas très-nettes sur ce sujet : voir la note 1re de la page 28.

1. Ce furent d'abord des signes *idéographiques* : écriture — peinture, figurative, symbolique ; puis des caractères *phonétiques*, traduisant les divers sons articulés de la voix. — L'écriture est en effet d'invention humaine.

2. Se rappeler les idées mystiques de Pythagore sur le *nombre*, principe et élément des *choses*. — Voir nos *Résumés*, page 258.

3. Il s'agit moins, je crois, ici des philosophes spéculatifs et des moralistes, que des politiques et des législateurs, ceux qui, comme le dit Cicéron six lignes plus loin, se sont voués à l'étude de la science sociale et du gouvernement.

pées par les institutions sociales, ces beaux génies ont
voulu joindre les enseignements d'une science précise, et
une grande variété de connaissances, comme l'ont fait les
personnages que je fais parler dans cet entretien, il n'est
personne qui ne reconnaisse la supériorité de tels hommes
sur tous les autres. Que peut-il, en effet, y avoir de plus
beau que d'unir l'expérience et la pratique des grandes
choses à l'étude et à la connaissance des arts de la vie?
Que peut-on imaginer de plus parfait qu'un Scipion, un
Lœlius, un Philus qui, pour ne rien négliger de ce qui
donne à la gloire des grands hommes un caractère achevé,
ont voulu joindre aux exemples de leurs ancêtres et aux
traditions domestiques, cette sagesse étrangère que nous
avons empruntée à Socrate? Aussi, à mon avis, le rare
génie qui a voulu et pu en même temps réaliser ces deux
choses, c'est-à-dire associer la science et la philosophie à
la tradition de nos ancêtres, celui-là a mérité la louange
la plus parfaite. Mais, s'il fallait choisir entre ces deux
voies de la sagesse, bien qu'on puisse trouver plus heureuse une vie tranquille, vouée aux études les plus excellentes et aux arts de la philosophie, je tiens la vie active,
la vie politique pour plus estimable et plus éclatante [1]. C'est
la vie où se sont illustrés de grands hommes, des hommes
tels que M. Curius, « que personne n'a jamais pu vaincre
ni avec l'or ni avec le fer [2] ; » comme...

[Lacune de huit pages environ.]

IV... Il y avait cette différence entre les grands hommes
des deux nations, que les Grecs développèrent les semences
de vertu par la parole et par la théorie, et nos Romains par
les institutions et les lois. Rome a produit, à elle seule, un
grand nombre, je ne dirai pas de *sages* (c'est un nom que
les Grecs ne prodiguent pas), mais d'hommes assurément
dignes de gloire, puisqu'ils ont su mettre en pratique les
préceptes et les découvertes des sages. Et si l'on pense
qu'il existe et qu'il a existé beaucoup d'États dont l'organisation était louable; si l'on considère que la plus belle

1. Comp. les mêmes idées exprimées au livre premier, chap. II, VII.

2. C'est sans doute la traduction d'un vers d'Ennius.

œuvre du génie est de constituer une société qui puisse être durable, voyez, à ne compter même qu'un législateur par chaque cité, quelle foule d'hommes éminents se présente immédiatement à vous ! Si nous voulons parcourir en esprit l'Italie, le Latium, le peuple Sabin, les Volsques, le Samnium, l'Etrurie, la Grande-Grèce ; si nous jetions ensuite nos regards sur les empires des Perses, des Assyriens, des Carthaginois... *combien de législateurs, ou de fondateurs d'États !*

[Lacune de douze pages au manuscrit.]

Philus se résigne à soutenir une thèse qui n'est point la sienne, en plaidant la cause des adversaires de l'injustice. Réquisitoire contre la justice.—On a cherché vainement à définir la justice, parce qu'elle n'a rien d'absolu. — Oppositions et contradictions des mœurs, des lois, des institutions civiles, politiques et religieuses chez les divers peuples : la justice est chose *contingente* et de pur caprice.—Variations perpétuelles du droit et de la législation dans une même cité. — Il n'y a pas de droit naturel. — Opposition du juste et de l'utile. — La justice a pour origine un contrat social, une *convention* entre les forts et les faibles. — (La terre n'est à personne.) — Les philosophes ne défendent la justice et ne la recommandent que pour le bonheur qu'elle procure et la bonne réputation qu'elle nous assure; mais l'apparence même de la justice suffirait, et suffit en réalité pour nous faire estimer et nous rendre heureux et puissants: comparaison du juste persécuté, et du méchant triomphant. — Les peuples, comme les individus, préfèrent l'injustice puissante à la vertu désarmée.

V... « Une belle cause, dit Philus, dont vous me chargez là, en m'ordonnant de me faire l'avocat d'office de l'injustice ¹ !»—Tu as bien en effet à craindre, reprit ironiquement Lœlius ! et l'on va, n'est-ce pas? s'imaginer, pendant que tu exposeras les objections dont la justice est ordinairement l'objet, que tu partages les sentiments des adversaires de la justice, toi le modèle le plus accompli de la probité antique et de la bonne foi romaine, toi dont on connaît d'ailleurs la méthode ordinaire de discussion, qui consiste à traiter une question dans ses deux sens et sous ses deux aspects les

---

1. PHILUS (comme Glaucon et Adimante dans le IIe livre de *la République* de Platon) « est chargé, pour ainsi dire d'office, de plaider en faveur de l'injustice, ou plutôt de reproduire les sophismes dont Carnéade avait scandalisé la bonne foi romaine. » VILLEMAIN.

plus opposés, pour démêler plus sûrement la vérité [1] ! — « Eh bien ! soit, dit Philus, je vous obéirai, et je vais me déshonorer en pleine connaissance de cause. On ne refuse pas de se salir, quand on cherche de l'or ; nous qui cherchons une chose infiniment plus précieuse que l'or, nous devons à plus forte raison surmonter toutes nos répugnances. Plût aux Dieux qu'en empruntant les discours d'un autre je pusse aussi parler par sa bouche ! Mais il faut que ce soit aujourd'hui moi, L. Philus, qui répète ce que disait Carnéade [2], un Grec, un homme accoutumé à plaider toutes les causes qui flattaient la souplesse de sa parole...

... (Ce ne sont donc pas mes propres sentiments que je vais exprimer, mais je vous donnerai l'occasion de répondre à Carnéade dont le génie sophistique se jouait impudemment des meilleures causes. — (Nonius au mot *Calumnia*, p. 263. — Lactance, *Institut.* lib. VII, chap. VII.)

[Lacune de quatre pages. On y supplée d'ordinaire par les deux passages suivants de Lactance (*Institutions*, livre V.)]

VI. Carnéade, philosophe de la secte Académique, avait une très-grande force, beaucoup d'éloquence et de finesse dans la discussion [3] : si on en doutait, on aurait le témoignage de Cicéron et de Lucilius : ce dernier fait dire à Neptune, qui s'embarrasse dans une question fort difficile, qu'elle restera à tout jamais insoluble, quand même les

---

1. Méthode qui consiste à plaider le pour et le contre, à soutenir la thèse et l'antithèse pour trouver la synthèse. Je tiens cette méthode pour plus sophistique que philosophique, et pour plus artificielle que démonstrative. Il ne faut pas jouer avec la vérité.

2. CARNÉADES (213), de la nouvelle académie fondée par Arcésilas (318), fut l'adversaire acharné du stoïcien Chrysippe. Il vint en ambassade à Rome avec Diogène le stoïque et Critolaüs le péripatéticien, en 157. Il y prêcha effrontément le pour et le contre, au grand scandale de Caton, et essaya d'y enseigner le *probabilisme* : il n'y a rien de certain ; il n'y a que des vraisemblances. « Je sais que je ne sais pas, » disait Arcésilas. — Carnéade se refusait à admettre la réalité objective de nos connaissances, et récusait tout *critérium* de certitude, sensible ou rationnelle. —

« Quant à cette académie perturbatrice, fondée par Arcésilas et Carnéade, nous implorons son silence. Car si elle se précipitait sur les principes qui nous semblent à nous (*académiciens héritiers directs de Platon, et stoïciens*) si bien établis, elle les déracinerait de son choc. Je n'ai garde de la défier ; je désire plutôt l'apaiser. » CICÉRON, *De Legibus* (note empruntée à M. Villemain). — Caton avait demandé l'expulsion de ces sophistes, « parce que, disait-il, avec les raisonnements de Carnéade, on ne pouvait plus discerner où était la vérité. »

3. Nous avons perdu le commencement du plaidoyer de Philus en faveur de l'injustice. Les deux pages qui suivent dans notre édition sont empruntées à Lactance, qui paraphrase le texte original, mais ne le cite pas exactement.

Enfers rendraient Carnéade au monde pour la démêler. Envoyé par les Athéniens en ambassade à Rome, Carnéade fit de brillantes dissertations sur la justice, en présence de Galba et de Caton le Censeur, les plus grands orateurs du temps. Mais le lendemain, il ruina lui-même de fond en comble toute son argumentation de la veille, et décria la justice qu'il avait exaltée. On ne reconnaît pas là cette gravité nécessaire à un philosophe, dont les opinions doivent être fermes et immuables, mais une sorte d'escrime et d'adresse oratoire pour plaider indifféremment le pour et le contre. Dans Cicéron, L. Furius reproduit l'argumentation de Carnéade contre la justice, sans doute parce que, discutant sur la république, Cicéron se proposait d'amener la défense et l'éloge de cette vertu, qu'il jugeait indispensable au gouvernement des États. Carnéade, au contraire, qui voulait réfuter Aristote et Platon, ces fermes partisans de la justice, rassembla dans son premier discours tout ce qui était dit en faveur de cette cause, pour pouvoir la ruiner ensuite, comme il le fit dans son second discours. — (Lactance, *Institutions*, liv. V, chap. XIV.)

VII. Beaucoup de philosophes, et singulièrement, Platon et Aristote[1], ont dit de très-belles choses sur la justice : ils lui ont donné surtout cette louange éminente qu'elle rend à chacun ce qui lui est dû, et maintient en tout la plus exacte équité. Les autres vertus sont, pour ainsi dire, muettes et se trouvent renfermées dans le for intérieur de l'âme; seule la justice ne reste pas cachée et ne se renferme pas en elle-même, mais elle se produit toute au dehors, toujours prête à faire le bien et à rendre service au plus grand nombre d'hommes. Comme si la justice ne convenait qu'aux juges et aux personnes constituées en dignité, et non pas à tout le monde! Tandis qu'il n'est pas un seul homme, fût-il de la condition la plus infime ou la plus misérable, qui ne puisse et ne doive être capable de justice.

1. Pour Platon, la justice est l'*harmonie* de toutes les autres vertus; il faut lire les belles pages du *Gorgias* et de *la République*, consacrées à la défense de la justice. — Aristote a parlé excellemment de la justice, et c'est à lui qu'appartient cette vue pénétrante que la justice n'est pas une *égalité* rigoureuse et absolument inexorable, mais une *proportion*. — (Voir *Morales à Andromaque*. Aristote avait écrit *quatre livres* sur la justice. Voir DIOGÈNE LAERCE, V, 12.)

Mais ces philosophes ignoraient en quoi consiste la justice, de quelle source elle découle, quelles fins elle se propose : aussi ont-ils fait de cette vertu suprême, qui est un bien commun à tous les hommes, le privilége exclusif d'un petit nombre, et ils ont dit qu'elle ne servait point les intérêts particuliers de l'âme, mais qu'elle n'avait d'autre objet que l'intérêt commun. Carnéade, avec son génie puissant et subtil, s'est donc trouvé fort à propos pour réfuter leurs discours, et ruiner cette fausse justice qui n'avait pas de fondement solide : non certes qu'il méprisât la justice ; mais il voulait prouver que cette vertu avait de mauvais avocats, qui n'apportaient à sa défense que des idées vagues et fragiles. — (Lactance, *Epitome*, chap. LV.)

..... La justice agit extérieurement, elle est toute en dehors d'elle-même... (Nonius, IV, 74.)

..... Cette vertu, à la différence des autres, se voue tout entière aux intérêts des autres : c'est dans ce champ qu'elle se développe. (Nonius, IV, 74.)

VIII..... Aristote a traité de la justice dans quatre livres assez étendus[1]. Quant à Chrysippe[2], je n'en ai jamais rien attendu de grand ni d'élevé : il parle de la justice suivant sa méthode habituelle, ramenant tout à des questions de mots et n'allant point au fond des choses[3]. Mais il était digne des héros de la philosophie (*les stoïciens*) de relever cette vertu, la plus généreuse et la plus libérale de toutes, si elle existe, qui se sacrifie aux intérêts de nos semblables, et vit plutôt pour eux que pour elle-même : il était digne d'eux de la faire asseoir sur un trône immortel, non loin de la *sagesse*[4]. Et certes, ce n'est point la bonne volonté qui leur a manqué : quel autre motif, en effet, ont-ils eu d'écrire, et quelle autre intention révèlent leurs écrits? Ce

---

1. C'est d'un ouvrage perdu qu'il s'agit ici, et qui traitait de *la justice*, en quatre livres.

2. CHRYSIPPE, un des chefs du stoïcisme après Zénon de Citium (300) et Cléanthe (264), dialecticien et moraliste.

3. Cicéron a plus d'une fois témoigné sa mauvaise humeur contre les subtilités logiques et dialectiques des stoïciens : *Ratiunculas, conclusiunculas*, etc. ; *De finibus*, IV, 5; *De Nat. Deor.*, III, 10; *Tusculanes*, passim.

4. La science ou la sagesse, la première des vertus cardinales de la philosophie ancienne : 1º la science, 2º la justice, 3º le courage, 4º la tempérance. (Voir CIC., *De officiis*, liv. Ier.)—Cf. Socrate, Platon, Aristote, les Stoïciens, saint Thomas, Bossuet.

n'est pas non plus le génie : qui donc en a eu plus qu'eux ? Mais la faiblesse de leur cause a trahi leur courage et leur talent. En effet, ce *droit*, sur lequel nous discutons, peut bien exister en tant que *droit civil :* mais de *droit naturel*, il n'y en a point[1]. S'il y avait un droit naturel, le juste et l'injuste seraient les mêmes pour tout le monde, comme le chaud et le froid, comme le doux et l'amer[2].

IX. Maintenant, si quelqu'un de nous, emporté par ce char aux serpents ailés dont parle le poëte Pacuvius, pouvait, du haut des airs, passer en revue les nations et les cités diverses du monde, il apercevrait d'abord chez ce peuple immuable de l'Egypte, qui conserve dans ses archives le souvenir de tant de siècles et d'événements, un bœuf adoré comme dieu sous le nom d'Apis, une foule d'autres monstres et d'animaux de toute sorte élevés aux mêmes honneurs ! Il verrait dans la Grèce, comme parmi nous, des temples magnifiques consacrés à des idoles de forme humaine ; et ces monuments, les Perses les tiennent pour impies et sacriléges : car Xerxès, dit-on, n'ordonna l'incendie des temples d'Athènes, que parce qu'il regardait comme un crime de renfermer entre des murailles les dieux dont l'univers entier est la demeure[3]. Plus tard, Phi-

---

1. Cette proposition odieuse et ridicule, soutenue par les sophistes (Voir le discours de Calliclès, dans *le Gorgias*), est la thèse de tous ceux qui ont eu quelque intérêt de système à nier dans l'homme le sentiment inné et l'idée première du *juste*, fondements naturels et garanties nécessaires du droit écrit.

2. Pur sophisme. Les hommes varient dans les applications du principe, mais non sur le principe même ; et il y a des choses qui sont bonnes et justes *absolument*, en tout temps et en tous lieux. On peut avoir ainsi facilement raison des arguments sceptiques ou misanthropiques de Montaigne, et de la phrase célèbre de Pascal : « Vérité en deçà des Pyrénées, erreur au delà. » — « Trois degrés d'élévation du pôle renversent toute la jurisprudence : un méridien décide de la vérité, ou peu d'années de possession. Les lois fondamentales changent. Le droit a ses époques. Plaisante justice qu'une rivière ou une montagne borne ! Vérité en deçà des Pyrénées, erreur au delà. Il y a sans doute des lois naturelles : cette belle raison a tout corrompu. » Pascal, qui fait le procès à la raison corrompue, parait oublier ici que la droite raison, éclairée par Dieu, est *conforme à la nature* et à la loi naturelle ; c'est la raison même qui fait la loi, en déclarant infaillibles et imprescriptibles les principes de l'éternelle justice, déposés par Dieu dans nos ames, et attestés par notre conscience. « O Montaigne ! dit J.-J. Rousseau, toi, qui te piques de franchise et de vérité, sois sincère et vrai, si un philosophe peut l'être ; et dis-moi s'il est quelque pays sur la terre où ce soit un crime de garder sa foi, d'être clément, bienfaisant, généreux, où l'homme de bien soit méprisable, et le perfide honoré ? »

3. Inutile de dire que, de la part de Xerxès comme de la part d'Alexandre, ce n'étaient là que des prétextes donnés à l'ambition.

lippe, quand il méditait la guerre contre les Perses ; Alexandre, quand il exécuta les projets de Philippe, donnaient
pour raison à leur expédition qu'ils voulaient venger les
temples de la Grèce ; temples que les Grecs eux-mêmes
n'avaient pas voulu relever, pour laisser à la postérité un
témoignage éternel du sacrilége des barbares [1]. Combien
d'hommes, comme les peuples de la Tauride sur le Pont-
Euxin, comme le roi d'Egypte Busiris, comme les Gaulois,
comme les Carthaginois, ont cru qu'il était pieux et très-
agréable aux Dieux immortels, d'immoler des victimes humaines [2] ! Les mœurs et les institutions sont tellement
différentes que les Crétois et les Œtoliens regardent le brigandage comme honorable ; et que les Lacédémoniens aimaient
à dire que tous les champs où leur javelot pouvait atteindre
étaient à eux. Les Athéniens de leur côté juraient publiquement qu'à eux seuls appartenait toute terre qui portait
du blé et des oliviers [3]. Les Gaulois trouvent honteux de se
procurer du blé par le travail : aussi vont-ils à main armée
couper les moissons sur les champs d'autrui. Et nous-
mêmes, nous, les plus justes des hommes, ne défendons-
nous pas aux nations transalpines de planter la vigne et l'oli-
vier, pour donner plus de valeur à nos vins et à nos olives [4] :
c'est de la prudence sans doute, mais on ne dira point que
c'est de la justice : vous voyez que la sagesse est fort loin
de l'équité [5]. Lycurgue, ce fondateur de lois excellentes [6], ce

1. Voici, d'après l'orateur Lycurgue *contre Léocrate*, le serment que firent les Grecs avant de combattre les Perses : « Je ne préférerai pas la vie à la liberté ; je n'abandonnerai mes chefs ni vivants, ni morts ; j'ensevelirai tous ceux des alliés qui auront péri les armes à la main. Vainqueur des barbares, je ne dévasterai aucune des villes qui auront combattu pour la Grèce, mais celles qui auront pris le parti de l'ennemi, je les décimerai toutes. *Je ne relèverai jamais aucun des temples brûlés ou renversés par les barbares ; mais je laisserai à la postérité ce monument de leurs sacriléges.* » Voir aussi : Diodore, XI, 29 ; Hérodote, III, 52 ; Muret, *Variæ lectiones*, III, 10. Note empruntée à M. Le Clerc. — Pausanias, X, 55.

2. L'avocat des sophistes oublie que les excès mêmes et les aberrations de la superstition témoignent de l'innéité et de la force du sentiment religieux chez tous les hommes.

3. Voir le serment des éphébes, rapporté par Plutarque : *Alcibiade*, XV.

4. On voit jusqu'où allait la législation *prohibitive et protectionniste* chez des peuples qui s'appellent naïvement, les plus équitables des hommes, *justissimi homines* : voilà quelles vexations despotiques ces Romains si dédaigneux du commerce, de l'industrie et des arts serviles, avaient inventées pour maintenir le prix élevé de leurs produits. — Probus permit qu'on plantât des vignes dans les Gaules.

5. Philus joue ici sur le sens des mots : la prudence intéressée n'est pas la sagesse équitable.

6. Assertion plus que contestable.

créateur du droit le plus équitable, faisait cultiver les terres des riches par le peuple, qu'il considérait ainsi comme réduit en servitude[1].

X. Si je voulais décrire la diversité des lois, des institutions, des mœurs et des coutumes, je ne dis pas chez les différentes nations, mais dans une seule ville, dans Rome même, je prouverais qu'elles ont changé mille fois. Ainsi, consultez aujourd'hui sur les legs et les héritages des femmes le savant jurisconsulte que nous avons ici, Manilius : il vous répondrait autrement qu'il ne faisait dans sa jeunesse, avant la promulgation de la loi Voconia, loi qui, rendue dans l'intérêt des hommes, est pleine d'injustice à l'égard des femmes[2]. Pourquoi, en effet, une femme ne pourrait-elle pas posséder? Pourquoi une Vestale peut-elle instituer héritier[3], et pourquoi une mère ne le peut-elle pas? Pourquoi, en admettant qu'il eût fallu mettre des bornes à la richesse des femmes, la fille de P. Crassus, si elle était unique, hériterait-elle légalement de cent millions de sesterces, tandis que la mienne ne pourrait en posséder trois millions[4]?....

[Lacune de deux pages.]

XI....... *Si la justice était naturelle et innée*, tous les hommes reconnaîtraient le même droit, et les mêmes hommes ne se feraient pas des lois différentes selon les temps[5]. Je vous le demande encore : s'il est d'un homme juste, d'un homme de bien d'obéir aux lois, à quelles lois, je vous prie, doit-il obéir? Est-ce à toutes indistinctement? Mais la vertu ne s'accommode pas de l'inconstance[6], et la nature

---

1. Encore une fois, tous ces exemples, complaisamment ramassés, ne prouvent rien contre l'idée innée de justice, qui se fait toujours sa part dans les institutions civiles ou politiques.

2. Par la loi Voconia, les filles étaient déclarées inhabiles à hériter de leur père. Cette loi fut portée, en 585, quarante ans avant l'époque de ce dialogue. Voir la 1re *Verrine*.

5. Les Vestales avaient le droit de tester ou d'instituer héritier, même du vivant de leur père. — Voir PLUTARQUE, *Vie de Numa*, 10.

4. D'après Cicéron (contredit, il est vrai, par saint Augustin), la loi Voconia admettait la capacité d'hériter pour la fille unique : c'était le cas de la fille de Crassus.

5. Toujours le même sophisme : les lois peuvent et doivent se modifier ; et elles s'améliorent d'ordinaire selon le progrès naturel des mœurs.

6. Oui, mais c'est précisément parce que la vertu est éternelle, que la justice existe. Ces deux termes ne se séparent pas.

n'admet point cette mobilité[1], étant toujours la même :
les lois ont pour principe la sanction de la peine[2], et non
l'idée absolue de justice. Donc il n'y a point de droit naturel, et par suite il n'y a pas d'homme juste par nature. Dira-
t-on que les lois seules varient, mais que les hommes vertueux par nature s'attacheront toujours à faire non ce qui
paraît juste, mais ce qui est réellement juste? qu'ainsi le
propre de l'homme vertueux et juste est toujours *de rendre
à chacun ce qui lui est dû?* Eh bien! que devrons-nous rendre aux animaux? remarquez, en effet, que des esprits nullement médiocres, mais de très-grands et de très-savants
hommes, Pythagore et Empédocle, déclarent que tous les
êtres animés ont les mêmes droits[3]; ils disent bien haut
que des châtiments inexorables sont suspendus sur la tête
de ceux qui ont attenté à la vie d'un être animé. C'est donc
un crime que de faire du mal à une bête; et ce crime......

[Lacune considérable.]

XII. [... Alexandre demandait à un pirate quel démon le
poussait à infester les mers avec son misérable brigantin :
— Le même, répondit le pirate, qui te pousse à ravager le
monde. (*Nonius* — et St Augustin, *Cité de Dieu*, IV, 4.)

...... La prudence nous invite à étendre notre pouvoir,
à augmenter nos richesses, à reculer les bornes de nos possessions. Cet Alexandre, cet illustre conquérant, comment
aurait-il pu, sans envahir le bien d'autrui, étendre son empire jusqu'aux extrémités de l'Asie, commander un instant
à l'univers, jouir des plus grands plaisirs, être puissant,
être roi et dominateur du monde? Mais la justice au contraire nous ordonne d'épargner tout le monde, de prendre
à cœur les intérêts du genre humain, de rendre à chacun
ce qui lui est dû, de ne toucher ni aux choses sacrées, ni
aux propriétés publiques ou privées. Que va-t-il résulter
de ce conflit de la prudence et de la justice? Si tu suis les

______

1. Double erreur psychologique et
historique. La variété des institutions
comme celle des caractères n'empêche
pas la constance des principes et *des
lois de l'esprit humain.*

2. Philus feint d'ignorer que la *sanc-*tion d'une loi n'en est pas le *principe.*

3. Il paraît qu'Empédocle, comme les
pythagoriciens, défendait aux hommes
de manger la chair des animaux : ces
prohibitions se rattachaient au système
de la transmigration des âmes.

calculs de la prudence, les richesses, les grandeurs, le crédit, les dignités, les commandements, les empires seront ton partage, que tu sois peuple ou simple particulier. Et puisque nous parlons ici de la république, les exemples d'intérêt public serviront mieux notre thèse; comme d'ailleurs les principes du droit sont les mêmes dans l'un et l'autre cas, je pense qu'il vaut mieux parler de la politique intéressée d'un peuple. Pour ne point citer d'autres nations, à ne prendre que ce peuple romain dont Scipion nous retraçait hier les origines, et qui tient maintenant l'univers sous sa loi, est-ce par la justice ou par la politique que, du plus faible de tous les peuples, il s'est élevé à ce point de puissance et de grandeur où nous le voyons aujourd'hui?......

[Lacune de quatre pages.]

XIII... [« Le peuple romain montre lui-même quelle distance sépare l'utilité de la justice[1], lui qui, en déclarant la guerre par les féciaux, en commettant légalement toutes sortes d'injustices, en convoitant et en ravissant toujours le bien d'autrui, s'est assuré l'empire du monde. »] (Lactance, *Instit.* VI, 9.)

..... « Qu'est-ce que l'intérêt de la patrie, sinon le dommage d'un autre État, d'un autre peuple[2]? L'intérêt d'un peuple n'est-il pas d'étendre son territoire par la conquête, d'accroître son empire, d'augmenter ses revenus?.. Celui qui procure de tels avantages à sa patrie, c'est-à-dire qui, en ruinant les cités, en exterminant les nations[3], a rempli d'argent le trésor public, celui qui a usurpé du terrain et enrichi ses concitoyens, cet homme est porté aux nues : on trouve en lui la souveraine et parfaite vertu. Et cette erreur n'est pas seulement celle du peuple et des ignorants, mais

1. Voici maintenant que l'intérêt politique est confondu avec la justice.

2. Principe absolument faux, de plus en plus démenti par l'expérience, et condamné par le *droit des gens,* qui régit les nations modernes. Il y a ici abus flagrant du principe de *l'équilibre des puissances.* Les intérêts mêmes de-viennent de jour en jour plus solidaires en devenant plus généraux, et quoique rivaux (concurrence et liberté), ne sont pas ennemis.

3. Ce n'est plus même la guerre, nécessaire en certains cas de légitime défense, c'est le brigandage systématique.

elle est partagée par les philosophes, qui, eux aussi, donnent des leçons d'injustice. » (Lactance. *Instit.* vi, 6.)

XIV.... Tous ceux qui ont sur un peuple le pouvoir de vie et de mort sont des tyrans, mais ils aiment mieux se faire appeler du nom de rois, qui est le titre réservé à Jupiter Très-Bon. Lorsque certains hommes, à cause de leurs richesses, de leur naissance ou de toute autre force, confisquent tout l'État à leur profit, c'est en réalité une faction, que l'on décore du nom d'aristocratie. Si c'est le peuple qui a le plus de pouvoir, et que tout se fasse par sa volonté, on nomme liberté cet état : ce n'est véritablement que licence[1]. Mais lorsqu'on se redoute l'un l'autre, lorsque règnent partout les défiances d'homme à homme, de classe à classe, alors, comme personne ne compte suffisamment sur lui-même, il se fait une sorte de pacte entre le peuple et les grands : c'est ce qui donne naissance à cette forme mixte de gouvernement que nous vantait Scipion. Car ce n'est ni la nature, ni la volonté, mais seulement la faiblesse humaine qui est mère de la justice[2]. Lorsqu'il faut opter entre trois partis, ou faire l'injustice sans la souffrir, ou la faire et la souffrir, ou enfin éviter l'un et l'autre, le mieux est de faire l'injustice avec impunité[3], si on le peut ; ce qu'il y a de préférable ensuite, c'est de ne point la faire et de ne point la souffrir ; la condition la plus misérable est de faire la guerre pendant toute la vie, en commettant le mal et en le subissant tour à tour. Celui donc qui peut s'assurer l'impunité du mal....

[Lacune de plusieurs pages.]

XV... « *Lactance* continue d'abréger les opinions de Carnéade qu'il résume ainsi : « Les hommes ont institué les lois suivant l'intérêt : lois dès lors variables comme le génie des peuples, et qui, chez un même peuple, changent selon les temps. Pour le droit naturel, il n'existe pas. Tous les hommes et les autres animaux vont droit à leur utilité

1. Ces plaintes constatent l'*abus*, et ne prouvent rien contre l'*usage*.

2. C'est la thèse de Glaucon dans le IIᵉ livre de *la République* de Platon ; c'est aussi la thèse de Hobbes. Comp. Horace : « Ipsaque utilitas justi prope mater et æqui. »

5. Ce sont les indignes maximes que flétrit Socrate dans le *Gorgias*.

par l'impulsion de la nature. Ainsi il n'existe pas de justice; ou, s'il en existe, c'est une souveraine folie, puisqu'elle se ferait tort à elle-même en ménageant les autres. » Et il ajoutait en preuve : « Tous les peuples qui ont possédé l'empire, et les Romains eux-mêmes, maîtres du monde, s'ils voulaient être justes, c'est-à-dire, restituer le bien d'autrui, en reviendraient aux cabanes, et n'auraient plus qu'à languir dans le malheur et la pauvreté.» — Qu'est-ce que cela prouve (dit M. Villemain, à l'édition de qui nous empruntons cette note) contre l'éternelle justice? »

... Les peuples ne posséderaient plus rien, s'ils restituaient ce qu'ils ont usurpé, à l'exception peut-être des Arcadiens et des Athéniens qui, j'imagine, dans la crainte que cet acte de justice n'eût lieu quelque jour, se sont avisés de prétendre qu'ils étaient issus du sol, et sortis de terre comme ces rats qui naissent du sol des campagnes.

XVI. A ces arguments (des sophistes et des sceptiques) il faut joindre maintenant ceux que nous opposent d'autres philosophes qui sont d'une parfaite bonne foi dans la discussion : ils ont ici d'autant plus d'autorité que, dans une matière où nous cherchons l'homme de bien, c'est-à-dire un homme franc et ouvert, ils n'apportent ni fausseté, ni fourberie, ni malignité[1]. Or, ils disent que si le sage est homme de bien, ce n'est point par l'attrait naturel et spontané que la bonté et la justice exercent sur lui, mais parce que la vie de l'homme vertueux est exempte de craintes, de soucis, d'inquiétudes et de périls : tandis qu'il y a toujours dans l'âme des méchants l'aiguillon de quelque remords, et qu'ils ont toujours devant les yeux la menace des condamnations et des supplices[2]. A les entendre, il n'est aucun avantage, aucun bien si précieux conquis par l'injustice qui puisse compenser les craintes qu'il suscite, et cette misère de l'homme qui croit toujours que la punition va le frapper, ou est suspendue sur sa tête[3].

[Lacune de quatre pages au moins.]

---

1. Cf. l'argumentation d'Adimante dans *la Républiq.* de Platon, liv. II.

2. Ces philosophes sont les épicuriens et les cyrénaïques, qui disaient : « Virtutem ipsam ex eo esse laudandam quod sit efficiens voluptatis. »

3. Ces raisons d'intérêt bien entendu sont peut-être encore plus faibles que

XVII. (La première partie du fragment suivant est empruntée à Lactance, *Inst.* liv. v, chap. 12)..... « Supposez, je vous prie, deux hommes [1], dont l'un soit un type accompli de vertu, d'équité, de justice et de bonne foi ; l'autre le plus insigne scélérat et le plus effrontément audacieux ; supposez l'erreur d'un peuple qui s'abuse au point de regarder l'honnête homme comme un scélérat, un criminel, un ennemi des Dieux, et de tenir au contraire le méchant pour un homme d'une probité et d'une bonne foi parfaites ; admettez encore que, par suite de cette opinion de tous les citoyens, l'homme de bien soit tourmenté, poursuivi, arrêté ; qu'on lui crève les yeux, qu'on le condamne, qu'on le charge de fers, qu'il soit torturé, proscrit, réduit aux dernières extrémités de la misère, qu'il paraisse enfin à tous les yeux le plus misérable des hommes et le plus justement misérable [2] ; en regard de ce juste persécuté, placez le méchant entouré d'estime, d'hommages et de sympathies universelles ; accumulez sur lui les honneurs, les commandements, toutes les ressources du crédit et de la puissance ; qu'il soit enfin dans l'opinion de tous le meilleur des hommes et le plus digne de tous les bonheurs ; et dites, dites maintenant : où est l'insensé qui hésiterait entre ces deux destinées [3] ?

[Ici recommence, avec le texte de Cicéron, la suite de l'argumentation sophistique de Philus contre la justice.]

XVIII..... Il en est des États comme des individus [4]. Il n'est pas de peuple assez fou qui n'aime mieux dominer par l'injustice que de tomber par la justice dans l'esclavage. Je n'ai que faire de chercher bien loin mes exem-

les autres : elles calomnient tout autant la vertu. — Lacune de quatre pages. Le beau morceau qui suit est tiré de Lactance.

1. Cicéron a emprunté ce parallèle à Platon (livre II de *la Républiq.*, fin du discours de Glaucon, et *le Gorgias*). C'est le contraste du méchant impuni, triomphant et pourtant misérable, et du juste persécuté, mais plus heureux que le méchant qui l'écrase.

2. Platon ajoute « qu'il soit mis en croix. » Les commentateurs chrétiens ont comparé cette *passion* du juste avec la passion de Notre-Seigneur J.-C.

5. Voilà qui est à l'éternel honneur de la vertu et de l'humanité, en dépit de toutes les faiblesses de l'âme et de tous les sophismes qui s'autorisent de toutes ces faiblesses pour assurer que la vertu n'est qu'un mot. La conscience du genre humain réclame et proteste comme celle de chacun de nous.

4. Les peuples peuvent être séduits par de méchants conseillers, mais les crimes *collectifs* n'en sont pas moins des crimes.

ples. Pendant mon consulat (et vous étiez alors mes con-seillers) j'eus à consulter le peuple sur l'exécution du traité de Numance [1]. Qui ne savait que Q. Pompée avait conclu ce traité, et que Mancinus s'était engagé avec lui. Mancinus, le plus loyal des hommes, appuya la proposition que je soumis au peuple en vertu d'un sénatus-consulte. Pompée y fit une opposition très-vigoureuse. Si vous cherchez où étaient le sentiment délicat de l'honneur, la probité, la bonne foi : assurément du côté de Mancinus; où étaient la sagesse intéressée [2], la politique, la prudence : avec Pompée.....

[Lacune de plusieurs pages.] — Les deux chapitres suivants sont empruntés à Lactance.

XIX. Puis, laissant de côté les considérations générales, Carnéade prenait des faits particuliers : « Si un homme de bien, disait-il, a un esclave qui se soit déjà enfui, ou une maison insalubre et malsaine; s'il connaît seul le vice de son habitation et l'infidélité de son esclave, et s'il veut pour cette raison les mettre en vente, déclarera-t-il qu'il veut vendre un esclave fugitif, ou une maison insalubre? ou bien cachera-t-il ces défauts à l'acheteur? S'il fait sa déclaration loyale, on le regardera comme un honnête homme qui ne veut tromper personne, mais aussi comme un sot qui ne vendra qu'à vil prix, si même il parvient à placer sa marchandise [3]. S'il ne dit rien, il sera sans doute un habile homme, puisqu'il soignera ses intérêts; mais il sera un malhonnête homme [4], parce qu'il trompera. Autre exemple : supposez que cet homme rencontre quelqu'un qui vende de l'or ou de l'argent, en croyant ne vendre que du cuivre ou du plomb : le laissera-t-il dans son erreur,

---

1. Ce Pompée, qui fut le premier consul de cette famille, conclut, en termes ambigus, une paix honteuse avec les Numantins, ses vainqueurs.

2. On aime à croire qu'aujourd'hui la question ne ferait plus un doute.

3. Ces cas constitueraient, dans notre législation, des cas dits *rédhibitoires* : là où il y a fraude dûment constatée, le marché est nul ; et les anciens avaient prévu certains de ces cas.

4. Il faut dire, à l'honneur des anciens, qu'il y eut une loi portée à Rome, *de dolo malo*, pour prévenir ou réprimer de telles fraudes. Les exemples empruntés par Cicéron (*De Officiis*, lib. III) à Diogène et à Antipater, stoïciens, ne constituent même plus pour nous des *cas de conscience;* ce qui, pour le dire en passant, prouve les progrès de la conscience moderne sous l'action délicate du christianisme.

pour acheter bon marché? ou avertira-t-il le vendeur de la valeur réelle de sa marchandise, pour la payer à son prix? Préférer payer cher paraîtra sans nul doute absurde. » Carnéade voulait qu'on conclût de là que l'homme qui est juste et honnête est un sot, et que l'homme prudent et bien avisé n'est pas honnête.

XX. Il proposait ensuite des exemples plus graves, où personne ne pouvait être juste sans compromettre sa propre existence. C'est ainsi qu'il disait : « Assurément la justice nous défend de tuer un homme, ou de toucher au bien d'autrui. Que fera donc le juste si, dans un naufrage, il voit un plus faible que lui s'emparer d'une planche de salut [1] ? Ne lui fera-t-il pas lâcher cette planche, pour s'en saisir et y monter à sa place, et s'en aider pour se sauver, surtout lorsqu'en pleine mer une telle action n'a aucun témoin? S'il est sage, il ne manquera pas de le faire : car autrement il est assuré de périr. S'il aime mieux mourir que de faire violence à un autre homme, il agit conformément à la justice ; mais il fait une sottise, puisqu'il sacrifie sa vie pour épargner la vie d'autrui. De même si, dans une déroute, et poursuivi par l'ennemi, cet homme juste rencontre quelqu'un blessé et monté sur un cheval, épargnera-t-il la vie de ce blessé et se fera-t-il tuer lui-même? ou le jettera-t-il à bas de son cheval, pour échapper à l'ennemi? S'il use de cette violence, il est homme sage, mais il est coupable ; sinon, il agit comme un homme de bien, mais aussi comme un fou. » — Voilà comment Carnéade, divisant la justice en deux parties, l'une purement civile, l'autre naturelle, les détruit l'une et l'autre en prouvant que la justice civile est bien la prudence, mais non la justice ; et que la justice naturelle est bien la justice vraie, mais non la prudence. Ce sont là des arguments captieux et empoisonnés par le sophisme, et que Cicéron n'a pu réfuter. Car lorsqu'il fait répondre à Furius par Lælius qui prend en main la défense de la justice, il s'abstient de répondre à toutes ces difficultés, et saute par-dessus cet obstacle,

1. Lactance remarque avec raison que Cicéron (par la bouche de Lælius) n'avait pas à répondre à de pareils arguments. — Cf. *De officiis*, III, 25.

comme par-dessus un piége à loup. (Lactance, *Instit.*, v, 16.)

XXI.... « Je ne réclamerais pas, Lœlius, si je ne pensais que nos amis désirent, et si je ne désirais moi-même te voir aborder cette partie de notre discussion ; ne nous disais-tu pas hier que tu parlerais plus que nous ne voudrions : cela n'étant guère possible, nous te supplions du moins de ne pas nous faire défaut... (*Aulu-Gelle*, i, 22.)

.... *Lœlius :* « Carnéade ne doit pas être écouté de notre jeunesse : s'il pense ce qu'il dit, c'est un homme corrompu ; sinon (et j'aime mieux cette supposition), son discours n'en est pas moins abominable. » (*Nonius*, iv, 236, 240.)

Lœlius répond à Philus et défend l'idée d'une loi morale, d'un droit naturel immuable et absolu. — Diverses parties de cette argumentation en faveur de la justice, empruntées à des fragments d'autres ouvrages de Cicéron, de Lactance, de saint Augustin, etc.

XXII... [Il y a une loi véritable, la droite raison [1] conforme à la nature, universelle, immuable, éternelle, dont l'autorité impérative invite l'homme à faire son devoir et lui défend de faire le mal ; mais, soit qu'elle ordonne ou qu'elle défende, ses injonctions toujours puissantes sur les gens de bien, sont sans force contre les méchants, qu'elles ne touchent guère. Cette loi, on ne peut ni l'infirmer par d'autres lois, ni la rapporter en quelque partie, ni l'abroger en entier ; il n'est ni sénatus-consulte, ni plébiscite qui puisse nous délier de l'obéissance que nous lui devons ; elle n'a pas besoin du secours d'un interprète qui l'explique et la commente à nos âmes ; elle ne sera pas autre à Rome, autre à Athènes, telle aujourd'hui, et telle autrement plus tard : mais toutes les nations, dans tous les temps, seront régies par une même loi éternelle et im-

---

1. Nous devons à Lactance cet admirable morceau, si souvent cité. Lœlius, répondant aux paradoxes de Philus, pose ici les vrais et éternels fondements de la morale et de la législation. La loi véritable, c'est la droite raison : l'idée rationnelle du bien est universelle, immuable, impérative. (Voir nos *Résumés de Philos.*, pages 196, 200 et 52.) — Les *formes* seules du droit sont changeantes, et cette mobilité n'infirme pas le *principe* du droit *naturel*.

muable; le maître, le roi absolu de tous les hommes sera toujours Dieu, Dieu l'auteur de cette loi, qui lui a donné l'autorité et la sanction; ne pas lui obéir, c'est se fuir soi-même, renier et trahir sa nature et sa destinée, et par là seul subir les peines les plus dures, alors même qu'on échapperait à tout ce qu'on appelle supplice[1]! (Lactance, *Instit.* XI, 8.)

XXIII. [Dans le *Troisième* livre de la *République*, on soutient, si je ne me trompe, qu'une république sage n'entreprend jamais de guerre, hormis pour l'honneur et pour le salut. Ailleurs, pour expliquer ce qu'il entend pour le salut de l'État, et de quel salut il s'agit, Cicéron s'exprime ainsi : « Ces peines, dont les hommes les plus grossiers ont le sentiment, la pauvreté, l'exil, la prison, les coups, on peut s'en affranchir en un instant par la mort, individuellement; mais pour un État, la mort, qui paraît une délivrance pour les individus, est le plus grand des malheurs. Car un État doit être constitué pour vivre éternellement[2]. Il n'y a donc point pour les républiques une mort naturelle, comme pour les hommes, qui voient souvent dans la mort un remède nécessaire ou même désirable. Lorsqu'une république disparaît, est détruite, est anéantie, c'est en quelque sorte, pour comparer les petites choses aux grandes, comme si le monde entier périssait et s'écroulait. » (Saint Augustin, *Cité de Dieu*, XXII, 6.)

Cicéron dit dans sa *République* : « Doivent être considérées comme injustes toutes les guerres entreprises sans motifs. » Un peu plus loin il ajoute : « Une guerre ne peut être juste, si elle n'est annoncée et déclarée publiquement, et si elle n'est précédée d'une demande de restitution. » (Isidore, *Origin.* XVIII, 1.)

---

1. En reniant la nature humaine : sur les caractères de cette loi absolue, comp. CIC., *Des lois*, II, 4; SOPHOCLE, *Antigone*, 456 : ἄγραπτα καὶ ἀσφαλῆ νόμιμα, et la suite. — « Il existe une *raison*, émanée de la nature des choses, qui pousse au bien, qui détourne du crime : celle-là ne commence point à être loi du jour seulement qu'elle est écrite, mais du jour qu'elle est née : or, elle est contemporaine de l'intelligence divine. Ainsi la loi véritable et primitive ayant caractère pour ordonner et pour défendre, est la *droite raison* du Jupiter Suprême. » (CICÉRON, *Des lois*, II, 4. — Traduction de M. de Rémusat.)

2. Ces idées, comme le remarque M. Villemain, sont bien d'un Romain, citoyen de la ville *éternelle*.

C'est en défendant ses alliés que le peuple romain est devenu le maître du monde[1]. (*Nonius*, ix, 6.)

XXIV. Dans ces mêmes livres sur *la République*[2], on défend avec beaucoup de vivacité et de force les droits de la justice contre l'injustice. Dans le premier plaidoyer en faveur de l'injustice, on avait voulu démontrer qu'il n'y a de salut et de puissance possible pour un État que par l'injustice, et on avait posé, comme l'argument le plus fort, cette étrange doctrine : il est injuste que des hommes obéissent à des hommes et les servent; et cependant, si une cité puissante ne commet cette injustice, elle ne pourra étendre sa domination sur de nombreuses provinces. On répond, au nom de la justice, que la domination dont on a parlé est juste, parce que la dépendance est utile aux sujets, et qu'il est de leur intérêt de se soumettre à une autorité juste et protectrice, qui enlève aux méchants la liberté de mal faire : enfin la sujétion vaudra mieux pour ces peuples que l'indépendance dont les excès les perdaient. Pour fortifier ce raisonnement, on empruntait à la nature même de l'homme un exemple caractéristique, et on disait : Pourquoi donc Dieu commande-t-il à l'homme, l'âme au corps, la raison à la passion et à toutes les mauvaises puissances de l'âme[3]? (Saint Augustin, *Cité de Dieu*, xix, 24.)

XXV. — Ecoutez les raisons excellentes que nous donne Cicéron, dans le *Troisième* livre *de la République*, quand il veut montrer quels motifs peuvent justifier l'empire que certains hommes ou certains peuples s'arrogent sur les autres : « Ne voyons-nous pas, dit-il, que partout la nature a donné autorité à ce qui est fort et excellent sur tous les êtres plus faibles, et cela au grand avantage des faibles? Pourquoi Dieu commande-t-il à l'homme, l'âme au corps, la raison à la passion, à la colère et à toutes les parties inférieures et mauvaises de l'âme? » Ecoutez encore; un peu plus loin,

1. Ce fut le prétexte que la politique romaine trouva bon de donner à ses envahissements.

2. Passage emprunté à saint Augustin, *Cité de Dieu*, XIX. — C'est un nouveau résumé de la discussion précédente.

3. Cette apologie psychologique de l'aristocratie et de la monarchie est encore un souvenir des théories de Platon. Elle va malheureusement, dans Aristote comme dans Platon, jusqu'à la justification de l'esclavage. (ARISTOTE, *Politique*, III, 7.)

Cicéron ajoute : « Il y a différentes sortes de commandements et d'obéissances, qu'il importe de distinguer. Car si
on dit que l'âme commande au corps et qu'elle commande
aux passions, il faut entendre qu'elle commande au corps
comme un roi à ses concitoyens, un père à ses enfants;
mais aux passions comme un maître à ses esclaves, parce
qu'elle les réprime et les brise. Les rois, les généraux, les
magistrats, les pères, les peuples gouvernent leurs concitoyens et leurs alliés, comme l'âme gouverne le corps;
mais les maîtres tiennent de près leurs esclaves et les
domptent durement, de la même façon que la meilleure
partie de l'âme — je veux dire la sagesse — tient en respect
les parties vicieuses ou faibles de cette même âme, j'entends l'amour déréglé, la colère et les autres passions, causes de désordres. » (Saint Augustin *Contre Julien*, IV, 12.)

Il y a servitude injuste, quand ceux-là qui pourraient
s'appartenir sont soumis à un maître; mais il n'y a aucune
injustice à ce que ceux-là soient sujets, qui ne savent se
gouverner eux-mêmes[1]. (*Nonius*, II, 313.)

XXVI. Si tu savais, dit Carnéade, qu'il y a un serpent
caché à tel endroit où va s'asseoir, sans y prendre garde, un
homme dont la mort te serait avantageuse, tu agirais mal
si tu ne l'avertissais de ne pas s'asseoir là; toutefois si tu
te taisais, l'impunité te serait assurée : car qui pourrait te
convaincre d'avoir connu le danger? Mais c'est trop insister : il est manifeste que si l'équité, la bonne foi, la justice n'ont pas leur source dans la nature, et si toutes les
vertus ne sont que des calculs égoïstes ou intéressés, on
ne saurait trouver dans le monde un seul homme de bien.

C'est d'ailleurs une question que Lœlius a discutée à fond
dans nos livres *de la République*[2]. (Cicéron, *De finibus*,
II, 18.)

.... Si, comme tu nous le rappelles, nous avons eu raison
de dire dans ces livres qu'il n'y a de bien que ce qui est

---

1. On justifierait trop facilement ainsi toutes les entreprises du despotisme, et de ce despotisme *paternel* qui a intérêt à prolonger l'enfance des *mineurs* confiés à sa tutelle.

2. Ce passage, emprunté à Cicéron lui-même (*De Finibus*, II, 18), serait mieux placé après le chapitre XX.

honnête, et de mal que ce qui est honteux[1]..... » (Cicéron, *à Atticus*, x, 4.)

XXVII. Je vois avec plaisir que l'amour d'un père pour ses enfants te semble être, comme disent les Grecs, *selon la nature*. En effet, si cette affection n'était pas inspirée par la nature même, il n'y aurait pas de lien naturel qui unît l'homme à l'homme, et, ce lien supprimé, la société disparaît. — Bonne chance à tous, dira Carnéade, et que chacun se tire d'affaire! — Réponse odieuse! et pourtant ce langage est encore plus sage que celui de Lucius et de Patron, lesquels rapportent tout à eux-mêmes, et ne voudraient faire quoi que ce fût pour le service d'un autre : singulières gens qui font consister l'honnêteté à éviter tous les maux, et non à remplir les devoirs que la nature nous enseigne ; qui ne veulent pas comprendre que c'est de l'homme habile qu'ils nous parlent, et non de l'homme de bien! Mais je pense avoir suffisamment éclairci toutes ces questions dans mes livres de *la République*, et l'éloge que tu en fais encourage ma conviction. (Cicéron, *à Atticus*, vii, 2.[2])

... [Je suis de leur avis : une justice troublée, inquiète et pleine de péril n'est pas la justice du sage.] (*Priscien*, viii, page 801.)

XXVIII.... [Lœlius, qui défend la justice dans *la République* de Cicéron, dit aussi: «La vertu veut être honorée[3]; c'est sa seule récompense, et encore si elle la reçoit volontiers, elle ne la réclame pas impérieusement. — Et dans un autre endroit : «Quelles richesses offriras-tu à l'homme de bien? quels commandements? quels royaumes? Tous ces biens, il les regarde comme purement humains, et ceux qu'il possède en propre comme divins. Si l'ingratitude de tout un peuple, la haine de beaucoup d'envieux ou la puissance de quelques ennemis peuvent dépouiller la vertu de

---

1. C'est aussi la thèse du *De Officiis*: elle est vraie, à la condition qu'on admette la sanction de la vie future, rétablissant l'équilibre, nécessairement rompu en cette vie, entre la vertu et le bonheur, et le rapport rigoureux de l'honnête et de l'utile. — Ici-bas l'intérêt peut servir la morale, mais il ne la fonde pas.

2. Fragm. d'une lettre de Cicéron à Atticus. VII, 2. — Cette citation ne jette pas un grand jour sur la suite des idées.

3. Sans doute, mais elle peut et doit savoir s'en passer : *ipsa sui pretium et merces est*, disent les stoïciens avec un désintéressement supérieur.

ses récompenses, certes elle se plaît dans les consolations si nombreuses qu'elle trouve en elle-même; et elle est assez parée de sa propre beauté[1]. » (Lactance, *Instit.* v, 18 et 22.)

..... Hercule, que sa valeur a illustré et qui est comme le Scipion Africain de l'Olympe. (Lactance, *Instit.* 9.)

Dans le *Troisième livre de la République*, Cicéron assure qu'Hercule et Romulus ont été élevés au rang des Dieux, de mortels qu'ils étaient; non, dit-il, que leurs corps aient été transportés dans les cieux : car la nature ne permettrait pas que ce qui est sorti de la terre ne retournât point définitivement à la terre. (Saint Augustin, *Cité de Dieu*, XXII, 4.)

.... Jamais les hommes de cœur n'ont été privés des meilleurs fruits de leur courage, de leur activité, de leur patience. (*Nonius*, II, p. 125.)

.... Autrement, le consul Curius aurait eu tort de dédaigner les largesses de Pyrrhus, et de refuser l'or des Samnites. (*Nonius*, II, 488.)

.... Notre Caton, quand il venait dans ses terres de la Sabine, ne manquait pas, comme nous l'avons appris de lui-même, d'aller visiter le foyer près duquel était assis Curius, lorsque les Samnites, naguère ses ennemis, alors ses clients, vinrent lui offrir des présents qu'il repoussa. (*Nonius*, II, XII, 19.)

XXIX....... Gracchus persévéra dans la justice à l'égard des citoyens; mais à l'endroit des alliés et du peuple latin, il fit bon marché des droits garantis par les traités. Si de telles habitudes et une telle licence d'arbitraire gagnent du terrain; si elles font passer notre autorité du droit à la force, de manière que ceux qui nous obéissent encore de leur plein gré, ne soient plus tenus désormais que par la terreur; je suis inquiet, sinon pour nous qui, à l'âge où nous sommes, avons fait à peu près tout ce que nous pouvions faire pour conjurer le péril, mais pour l'avenir de nos enfants et pour l'immortalité de notre empire[2]; immor-

---

1. C'est moins le spectacle de sa propre beauté (*decor*) que le sentiment du devoir accompli, qui doit soutenir et consoler la vertu en disgrâce.

2. Il y a quelque chose de touchant dans ces prévisions et ces inquiétudes de l'homme d'État sur le sort de ses descendants.

talité que nous aurions pu nous garantir, en conservant la tradition des mœurs et des institutions de nos pères.

Scipion remercie Lœlius de son apologie de la justice. — Il insiste sur la nécessité politique de la justice pour maintenir le principe des divers gouvernements et l'institution primitive : l'injustice change tous les pouvoirs, monarchique, démocratique et aristocratique, en tyrannie.

XXX. Lorsque Lœlius eut achevé de parler, tous ceux qui étaient là témoignèrent de l'extrême plaisir que leur avait fait son discours. Mais Scipion, dans un véritable enthousiasme, lui dit : « Certes, Lœlius, tu as défendu bien des causes avec une telle éloquence que je n'aurais osé te comparer ni notre collègue Servius Galba, que tu tenais de son vivant pour le meilleur des orateurs, ni aucun même des orateurs athéniens........

.... Deux choses lui avaient manqué pour parler en public, l'assurance et la voix. (*Nonius*, IV, 71.)

... Les gémissements des malheureux, renfermés dans les flancs du taureau d'airain, imitaient les gémissements de cet animal... (*Scoliaste de Juvénal.*)

XXXI.... « Est-ce donc vraiment une république, c'est-à-dire la chose du peuple, que cette cité où tous les citoyens étaient opprimés par la cruauté d'un seul, où il n'y avait plus de droits, plus de concours des volontés particulières, plus d'assemblées délibérantes, rien en un mot de ce qui fait un peuple[1]. La même chose se voit à Syracuse, cette ville superbe, que Timée[2] déclare la plus grande des villes

---

1. Il s'agit sans doute d'Agrigente.

2. Ce n'est pas le philosophe de ce nom, mais un historien qui avait écrit une histoire de la Sicile. Sur la constitution mobile de Syracuse, cons. Montesquieu, *Esprit des lois.* — « Syracuse, qui se trouva placée au milieu d'un grand nombre de petites oligarchies changées en tyrannies ; Syracuse, qui avait un sénat dont il n'est presque jamais fait mention dans l'histoire, essuya des malheurs que la corruption ordinaire ne donne pas. Cette ville, toujours dans la licence ou dans l'oppression, également travaillée par sa liberté et par sa servitude, recevant toujours l'une et l'autre comme une tempête, et malgré sa puissance au dehors, toujours déterminée à une révolution par la plus petite force étrangère, avait dans son sein un peuple immense, qui n'eut jamais d'autre alternative que de se donner un tyran ou de l'être lui-même. » (Montesquieu.) — Cf. Cicéron, *Verrines*, IV, 52, 53 ; V, 27 ; — Florus, II, 6 ; — Aristote, *Politique*, V, 3, 4.

grecques et la plus belle de toutes les villes : cette citadelle admirable, ces ports qui pénétraient jusque dans l'intérieur des quartiers, ces quais baignés par les eaux, ces larges rues, ces portiques, ces temples, ces murailles ne faisaient pas que Syracuse fût une république sous la tyrannie de Denys : car rien de tout cela n'appartenait au peuple, et le peuple appartenait à un seul homme. Ainsi donc, là où règne la tyrannie, non-seulement la société est vicieuse, comme je le disais hier : mais il faut dire, et le raisonnement nous y force, qu'il n'y a plus aucune espèce de société. »

XXII. — Tu dis très-bien, Lœlius, et j'aperçois dès maintenant où tend ce discours. — *Scipion :* Tu vois donc aussi qu'un État dominé entièrement par une faction n'a rien de commun non plus avec une société politique. — *Lœlius :* Je le pense ainsi. — *Scipion :* Et ton sentiment est fort juste. Qu'était devenue, par exemple, la république d'Athènes, lorsque, après cette grande guerre du Péloponèse, elle tomba sous l'injuste domination des trente tyrans? Est-ce que l'ancienne gloire de la cité, le superbe aspect de la ville, son théâtre, ses gymnases, ses fameux propylées, la citadelle, les admirables ouvrages de Phidias, le magnifique port du Pirée suffisaient pour faire une république[1]? — Nullement, dit Lœlius ; il n'y a point là *la chose du peuple.* — *Scipion :* « Et quand nos décemvirs, sans qu'il y eût appel de leurs arrêts, accaparèrent le pouvoir dans cette troisième année de leur tyrannie, où la liberté n'eut pas même le droit de réclamer et de protester? » — *Lœlius :* « Alors il n'y eut plus de république, et aussi le peuple fut-il obligé de se révolter pour ressaisir *sa chose.* »

XXXIII. *Scipion :* « Je viens maintenant à cette troisième forme de gouvernement, où on trouvera peut-être quelques difficultés : lorsque c'est le peuple qui est le souverain absolu, et que rien ne se fait que par lui ; lorsque la multitude envoie au supplice qui il lui plaît ; lorsqu'elle met tout au pillage, enlève la liberté ou les biens, amasse

---

1. Cicéron tient à établir que l'éclat extérieur de la civilisation cache mal les misères de la servitude. — Sur les monuments d'Athènes, voir : *Pausanias,* 1, 8, 14, 22 ; et le *Voyage d'Anacharsis.*

ou dissipe à son gré : peux-tu nier, Lœlius, que ce ne soit bien là une république, puisque tout appartient au peuple et que, selon notre définition, la république est la chose du peuple? — *Lœlius :* « Il n'est point d'État auquel je refuse avec moins d'hésitation le nom de république qu'à celui où tout est aux mains et au pouvoir de la multitude [1]. Ne venons-nous pas de convenir qu'il n'y avait pas de république à Agrigente, à Syracuse, à Athènes sous la domination des *Trente*, chez nous-mêmes sous la tyrannie des *Dix?* Je ne vois donc comment il y en aurait davantage sous le despotisme de la foule. D'abord, je n'appelle peuple, selon ton excellente définition, qu'une réunion régulière d'individus participant aux mêmes droits : or, cette *convention* populaire est tout aussi tyrannique que l'absolutisme d'un seul homme ; et cette tyrannie de la foule est d'autant plus détestable, qu'il n'est pas de monstre plus terrible que cette bête féroce qui prend la forme et le nom du peuple [2]. Or, il ne convient pas, lorsque les biens des fous sont placés, de par la loi, sous la tutelle d'un conseil de famille, *de laisser à une multitude insensée la libre disposition de tout.* »

[Lacune de huit pages.]

XXXIV.... On peut dire de l'aristocratie ce que nous venons de dire de la royauté, et établir qu'elle peut être aussi une véritable république et la chose du peuple. » — « Et même à plus juste titre, dit Mummius : car un roi ressemble plutôt à un maître, précisément parce qu'il a seul le pouvoir ; mais lorsque plusieurs hommes vertueux ont l'autorité, on ne saurait imaginer rien de plus heureux qu'une telle république [3]. Cependant j'aime encore mieux la royauté que l'indépendance absolue du peuple, cette troi-

---

1. Cicéron nous rappelle, par la bouche de Lælius, qu'il déteste autant le despotisme de la multitude *des masses,* que celle des tyrans.

2. On peut juger de la rigueur exacte de cette analogie par les excès de nos assemblées populaires : la *Convention,* et surtout le *Comité de salut public.* Ce n'était pas l'assemblée qui faisait la loi, mais les *clubs;* et, il faut bien le dire, les assemblées sont inhabiles à gouverner ; *nulle collection d'hommes n'est propre à l'action.*

5. « On peut soutenir qu'une sage aristocratie mérite le nom de *chose publique,* de chose du peuple, titre que l'on applique à l'État monarchique. » C'est ainsi que M. Villemain rétablit la suite du texte et la liaison des idées.

sième forme de gouvernement corrompu, et la plus corrompue de toutes [1]. »

Scipion cherche à montrer ce qu'il peut se rencontrer de bon dans
la monarchie, et même dans la démocratie.

XXXV. *Scipion :* « Je reconnais bien là, Mummius, tes
principes si ennemis du gouvernement populaire; et quoiqu'on puisse le juger moins sévèrement que tu ne le fais d'ordinaire, je ne ferai pourtant pas difficulté de convenir avec
toi que, des trois, c'est le moins digne d'éloges. Mais ce que
je ne puis t'accorder, c'est la supériorité de la forme aristocratique sur la forme monarchique : car, si c'est la sagesse qui gouverne la chose publique, qu'importe qu'elle
réside dans un seul ou dans plusieurs? Ne sommes-nous
pas ici dupes de quelque erreur de mots? Lorsqu'on se sert
de cette expression : les *meilleurs* (ἄριστοι-*optimates*) il semble qu'il ne puisse y avoir rien de supérieur à un tel régime [2] : car, que peut-on imaginer de meilleur que ce qui
est excellent? Vient-on au contraire à faire mention d'un
roi? Immédiatement se présente à l'esprit l'idée d'un roi
injuste : mais il est trop évident que nous n'entendons
point parler d'un roi injuste, quand nous cherchons les
conditions du gouvernement royal. Pense à Romulus, à
Numa, à Tullus, et peut-être seras-tu plus indulgent pour
cette forme monarchique. » — *Mummius :* « Quel mérite
laisses-tu donc au gouvernement populaire? — *Scipion :*
Dis-moi, Spurius, cette cité des Rhodiens, où nous nous
trouvions naguère ensemble, ne te donne-t-elle pas l'idée
d'une république [3]?—*Mummius :* Assurément, et d'une république honorable et bien organisée. — *Scipion :* Tu as
raison; mais, si tu t'en souviens, tous les citoyens y
étaient tour à tour membres du Sénat et du peuple; ils
remplissaient alternativement pendant quelques mois les
fonctions populaires, et pendant d'autres mois les fonctions sénatoriales. Des deux côtés, ils recevaient un droit

---

1. « Le pire des états c'est l'état populaire. »

2. Les Romains, en particulier, restaient
toujours sous l'empire de leur rancune
et de leur préjugé, que tout *roi*, par définition et par institution, était un *tyran.*

3. Consultez ARISTOTE, *Politiq.*, liv. V :
il nous apprend que chez les Rhodiens,
le pouvoir passait du sénat au peuple, et
réciproquement : *vicissitudines habe-
bant,* comme Cicéron le dit quelques lignes plus bas.

de séance[1] ; et au théâtre comme au sénat, c'étaient les mêmes hommes qui jugeaient les causes capitales et toutes les autres ; enfin le Sénat avait précisément et exactement le même pouvoir et la même autorité que le peuple[2]....

| Lacune considérable.] Fin des fragments du troisième livre.

FRAGMENTS DU LIVRE TROISIÈME

DONT LA PLACE EST INCERTAINE.

Il y a dans tous les hommes un principe de désordre, que le plaisir exalte, que la douleur abat. (*Nonius*, IV, 178.)

..... Soit qu'ils fassent l'épreuve de leur âme, soit qu'ils cherchent le parti qu'ils doivent prendre. (*Nonius*, IV, 351.)

Les Phéniciens furent les premiers qui, avec leur commerce et leurs marchandises, importèrent dans la Grèce la cupidité, le luxe et toutes sortes de besoins et de passions insatiables. (*Nonius*, V, 35.)

Sardanapale, ce roi efféminé d'Assyrie, dont Cicéron dit dans le troisième livre de sa République : « Sardanapale plus infâme encore par ses vices que par son nom. » (*Scoliaste de Juvénal*.)

Que signifie donc cette absurde exception, à moins qu'on ne veuille faire un monument de l'Athos tout entier? Quel Athos, quel Olympe est aussi grand ? (*Priscien*, VI, p. 710.)

Passages empruntés à la Cité de Dieu de saint Augustin. — Saint Augustin analyse la dernière partie du troisième livre de la République, en se servant souvent des expressions mêmes de Cicéron.

« Je m'efforcerai, en son lieu, de montrer, suivant les définitions mêmes de la république et du peuple, telles que Cicéron les met dans la bouche de Scipion, et en m'appuyant sur de nombreux témoignages empruntés à Cicéron lui-même, ou à ceux qu'il fait parler dans ces *Entretiens*, que jamais Rome n'a été une véritable république

---

1. Un droit de séance, une rétribution pour leur présence, comme les Athéniens recevaient, en tant que *juges*, le *triobole*, sorte de jeton de présence, si souvent raillé par Aristophane.

2. Le manuscrit du Vatican ne nous donne rien de plus du IIIe livre. — Les fragments qui suivent n'ont pu être distribués d'une façon satisfaisante : les principaux sont empruntés à saint Augustin : *Cité de Dieu*, II, 21, et I, 19.

(*société politique*), parce que jamais elle n'a connu la vraie justice. Mais, selon des définitions plus acceptables, on peut dire qu'il y eut à Rome une certaine société conforme à l'esprit des Romains, et montrer qu'elle a été mieux gouvernée par les anciens Romains que par les nouveaux. » (*Cité de Dieu*, II, 21.)

« Voici le moment de tenir l'engagement que j'ai pris au second livre de cet ouvrage, et de démontrer le plus brièvement et le plus clairement possible, que, suivant les définitions que Cicéron prête à Scipion dans la *République*, il n'y a jamais eu à Rome de véritable société politique. Il définit en deux mots la république la chose du peuple, et le peuple une société formée par la participation aux mêmes droits et la solidarité des intérêts. Il explique ce qu'il entend par droit commun, ou participation aux mêmes droits, en montrant que la justice seule peut assurer et garantir le droit dans un État : donc là où il n'y a de vraie justice, là aussi il n'y a pas de droit. Ce qui se fait justement est fait *selon le droit;* ce qui se fait injustement est fait *contre le droit.* Car on ne doit point considérer comme *des droits* certains arrangements ou constitutions iniques des hommes : les Romains eux-mêmes disent qu'il n'y a de droit que celui qui découle de la source de justice, et qu'il est très-faux de prétendre, comme le font quelques politiques, qui pensent ici fort mal, que le droit est ce qui est utile au plus fort. En conséquence, là où n'est pas la vraie justice, il n'y a point de société formée sous la garantie du droit; point de peuple donc qui satisfasse à la définition de Scipion et de Cicéron. Or, s'il n'y a point de peuple, il n'y a point de chose du peuple; l'État n'est que *la chose* de je ne sais quelle multitude, qui n'est pas digne du nom de peuple. En vertu encore de ce raisonnement, si la république est la chose du peuple, le peuple une société formée sous la garantie du droit; et s'il n'y a pas de droit là où il n'y a pas de justice, on est forcé de conclure que, là où il n'y a pas de justice, il n'y a pas non plus de république. Et la justice elle-même, c'est cette vertu qui rend à chacun ce qui lui est dû. » (*Cité de Dieu*, XIX, 21.)

LIVRE IV.

AVERTISSEMENT.—Les fragments si peu nombreux, si incomplets et si incohérents qui nous restent du *Quatrième* et du *Cinquième* livre de la *République*, offrent bien peu d'intérêt, et nous permettent à peine de supposer le plan et la conduite générale de ces deux livres : nous avons cru pourtant devoir les traduire, pour que notre édition correspondît aux textes indiqués ou mentionnés dans les éditions les plus complètes et les plus autorisées. Ces lambeaux trop informes, ces *membres dispersés* d'un corps de doctrine qui devait être si harmonieusement composé, ne sont pas absolument inutiles à l'intelligence de la politique de Cicéron : ils peuvent exercer la sagacité des commentateurs et fournir la matière d'ingénieuses dissertations et de belles conjectures. C'est tout un monde de pensées perdu à retrouver, et l'on peut dire que M. Villemain, dans ses savantes reconstructions de la substance de ces deux livres, a uni à la solide érudition d'un Montesquieu, la puissance d'induction et la pénétration méthodique qui ont permis à un Cuvier de reconstruire certaines espèces perdues de la genèse antédiluvienne.

« Grandiaque effossis mirabimur ossa sepulchris. »

D'ailleurs, si dans un vrai grand homme tout est grand, d'un excellent auteur, tout est précieux.

(Note du traducteur.)

ARGUMENT.

Nous n'avons presque rien du *quatrième* livre, et nous sommes réduits à des conjectures suggérées en grande partie par les fragments de Lactance. — Il était question dans ce livre des moyens de conserver et de fortifier les mœurs publiques ; de la famille ; de l'éducation des enfants ; de la condition des femmes.— Cicéron devait réfuter les doctrines immorales de Platon qui confisque la liberté individuelle au profit de l'Etat, et supprime à la fois la famille et la propriété.—Des détails sur la vie intérieure des Romains ; des vues élevées sur la sainteté du mariage, et sur l'influence sociale et politique des mœurs antiques et des traditions nationales; des considérations sur les excès du luxe, sur la licence du théâtre et de la satire, sur le danger que peuvent présenter les fictions de la poésie et les raffinements de la musique : voilà sans doute les questions qui donnaient à ce quatrième livre un intérêt tout particulier. — Nous renvoyons le lecteur au *Supplément* de M. Villemain. Le savant et ingénieux critique s'est tellement pénétré de son sujet qu'il a reconstruit, pour ainsi dire, tout ce quatrième livre par une sorte de divination sympathique. Nous sommes malheureusement tenu d'être plus discret, en l'absence de textes suivis et de documents authentiques.

I. Puisque j'ai parlé du corps et de l'âme, j'essaierai d'expliquer, selon les faibles lumières de mon intelligence, ce que sont l'un et l'autre. C'est un travail que je me crois d'autant plus le devoir d'entreprendre que Cicéron, ce rare génie, a tenté, dans le quatrième livre de sa *République*, de traiter ce sujet, mais a réduit une matière si vaste aux plus étroites proportions, ou n'a fait pour ainsi dire que l'effleurer dans ses hautes généralités[1]. Et ce n'est point volontairement qu'il n'a pas approfondi un tel sujet : car il déclare lui-même qu'il a voulu le traiter avec tout le soin possible. Dans le premier livre *des Lois*, où la même question est encore touchée en passant, il dit : « C'est une matière qui a été, ce me semble, suffisamment traitée par Scipion dans les livres que vous avez lus. » (Lactance, *De Opif. div.* I.)

Et l'intelligence elle-même qui prévoit l'avenir, se souvient du passé. (*Nonius*, IX, 8.)

Cicéron dit fort bien : « S'il n'est pas un homme qui n'aimât mieux mourir que de prendre la figure de quelque animal, tout en conservant une âme humaine, combien n'est-il pas plus malheureux d'avoir sous la figure d'un homme l'âme d'une bête féroce ? Ce malheur est plus grand que l'autre, de toute la différence qui sépare l'âme et le corps. » (Lactance, V, 11. *Instit.*)

Cicéron dit quelque part : « qu'il ne croit pas que le souverain bien soit le même pour un bélier et pour Scipion l'Africain. (Saint Augustin, *contra Julian.* IV, 12.)

Par son interposition, elle produit l'ombre et la nuit qui nous permet de compter les jours et de nous reposer de nos travaux. (*Nonius*, IV, 2.)

En automne, la nature ouvre la terre pour la disposer à recevoir les semences ; en hiver, elle la laisse reposer pour faire germer les graines ; en été elle mûrit les fruits, ad a-

1. Ce texte de Lactance nous apprend que Cicéron, au IVᵉ livre de sa *Répu-* *blique*, avait traité sommairement de la distinction de l'âme et du corps.

cissant les uns, cuisant les autres. — (*Nonius*, iv, 293.)

Quand ils emploient les bergers à la garde des troupeaux. (*Nonius*, ii, 691.)

Dans le quatrième livre de la *République*, Cicéron dit que : bouvier vient de bœuf [*armentum et ab eo armentarius*]. (*Priscien*.)

II.... Il faut louer cette ingénieuse division des citoyens par ordres, par âges, par classes [1] ; cette organisation des chevaliers qui ont le droit de suffrage, et celle du Sénat. Il n'y a que trop de gens aujourd'hui qui veulent follement détruire ces utiles institutions ; qui, par exemple, ne cherchent que l'occasion de quelque nouvelle prodigalité [2] dans ce plébiscite qui ordonnerait de rendre les chevaux à l'État.

III. Considérez maintenant combien toutes les mesures et toutes les précautions ont été sagement prises, pour garantir aux citoyens les avantages d'une association honnête et heureuse [3] : ce qui est le premier but de toute société, et le but que toute république doit atteindre par le secours des institutions et des lois. D'abord examinons l'éducation des enfants de condition libre : c'est là un point où les Grecs ont fait beaucoup de vaines tentatives [4] ; et c'est le seul aussi sur lequel Polybe accuse la négligence de nos institutions : nos ancêtres ont voulu que l'éducation ne fût ni réglée par les lois, ni donnée publiquement, ni la même pour tous [5]......

[Lacune de quatre pages au moins.]

... Selon Cicéron, les jeunes gens qui vont à la guerre

---

1. « Romulus avait divisé le peuple romain en vieillards et en jeunes gens (*juvenes*, jusqu'à 45 ans). — Servius Tullius établit plus tard cinq divisions dans la classe des jeunes gens. » (AULU-GELLE, liv. X, chap. 28.)

2. « Dans l'espoir de quelque largesse sur la valeur des chevaux, qu'un plébiscite ferait restituer au trésor. » (VILLEMAIN.) Un décret de Servius attribuait à chaque chevalier un cheval et deux mille as par année, pour le nourrir.

3. Idée empruntée à Aristote : Τέλος γὰρ οὖν πόλεως τὸ εὖ ζῆν... τοῦτο δ' ἐστιν τὸ ζῆν εὐδαιμόνως καὶ καλῶς. (*Politique*, III, 9.) Cf. CICÉRON, *De Repub.*, I, 25.

4. Rousseau fait observer que *la République* de Platon est un vrai traité d'éducation. — Conf. la *Politique* d'Aristote, livre V.

5. Renseignement précieux duquel on serait autorisé à conclure qu'à Rome, à cette date, il n'y avait d'instruction *publique*, commune à tous, uniforme et pour ainsi dire classique. Il y avait cependant déjà des écoles publiques. — Voir M. EGGER, *De l'éducat. chez les Romains*, et les considérations ingénieuses de M. VILLEMAIN, sur ce sujet.

sont confiés à la garde d'un surveillant qui les dirige pendant la première année. (Servius, *ad Æneid.* v, 546.)

IV .... Il était défendu au jeune homme de se montrer nu en public, tant on avait voulu établir profondément dans les mœurs les principes de la pudeur! Chez les Grecs, au contraire, quelle triste école d'honnêteté que ces exercices de leurs gymnases[1]! que de fâcheuses légèretés dans cette milice de jeunes gens! que de rapports dangereux pour les mœurs! quelle licence dans les attachements! je ne parle point des Éléens et des Thébains, où les dépravations de toute sorte sont permises et comme autorisées : mais les Lacédémoniens, en donnant à cet égard toute licence aux jeunes gens, sauf sur un point, élevant une bien faible barrière entre ce qu'ils permettent et ce qu'ils défendent............. *Lælius :* Je vois, Scipion, que pour censurer les institutions grecques, tu aimes mieux l'attaquer aux peuples les plus célèbres que prendre à partie ton cher Platon[2], Platon que tu ne nommes même point.

V ... A tel point que Cicéron dit dans sa *République* que c'était un opprobre pour un jeune homme de n'avoir point un attachement de ce genre. (Servius, *ad Æn.* x, 325.)

Non-seulement comme à Sparte, où les enfants apprennent à voler et à dérober. (*Nonius*, i, 72.)

Notre Platon, allant encore plus loin que Lycurgue, veut que tout soit commun, et qu'un citoyen ne puisse dire d'une chose quelconque qu'elle est sienne et lui appartient[1]. (*Nonius*, iv, 346.)

.... Pour moi, de la même façon que Platon renvoie le poëte de sa cité idéale, après l'avoir couronné de fleurs et couvert de parfums[3]. (*Nonius*, ix, 201.)

---

1. Critique des institutions grecques en matière d'éducation. Cf. PLATON, *Rép.*, V; ATHÉNÉE, XII, xiii; PLUTARQUE, *In Lyc. et Apoph.*; XÉNOPHON, *De Rep. lacedem.*; PROPERCE, III, 14.

2. Scipion s'abstient, en effet, de critiquer les maximes de Platon en matière d'éducation : Polybe a montré le même scrupule au moins exagéré.

3. C'est l'expression la plus exacte du *communisme*, dont Platon est le père. Lire la vive critique de Lactance.

4. On sait que Platon met les poëtes à la porte de sa cité idéale (*Répub.*, III, 9), comme corrupteurs de l'imagination, et à cause des fables absurdes et grossières qu'ils racontent sur les Dieux; il les renvoie, mais couronnés de fleurs et

Le jugement du censeur ne frappe guère celui qu'il atteint d'une autre peine que la honte. Aussi, comme il n'en résulte qu'une tache pour le *nom*, cette flétrissure s'appelle *ignominie*. (*Nonius*, I, 93. *In nomine ignominia.*)

Leur sévérité épouvanta, dit-on, d'abord la cité. (*Nonius*, v, 7.)

Qu'il n'y ait point, comme les Grecs, de magistrat chargé de surveiller les femmes; mais que le censeur apprenne aux hommes à gouverner leurs femmes. (*Nonius*, IX, 7.)

Tant la discipline a de force pour maintenir la pudeur ! toutes les femmes s'abstenaient de vin. (*Nonius*, I, 14.)

Si une femme avait une mauvaise réputation, ses parents ne l'embrassaient plus. (*Nonius*, IV, 193.)

Du mot *petere*, on a fait *petulantia*, et de *procare*, c'est-à-dire, *poscere*, *procacitas* (effronterie). (*Nonius*, I, 89.)

Je ne veux pas que le même peuple soit le maître et le courtier (*portitor*) du monde[1]. J'estime que le meilleur revenu pour les familles et pour l'Etat, c'est l'économie[2]. (*Nonius*, I, 165.)

Il me semble que la bonne foi (*fides*) est ainsi nommée de ce que par elle on fait (*quum fit*) ce qu'on a dit[3]. (*Nonius*, I, 94.)

Dans un citoyen qui tient un rang élevé et de grande naissance, la flatterie, l'ostentation, l'esprit d'intrigue sont des marques d'un esprit médiocre. (*Nonius*, III, 27.)

Vois dans les livres de *la République* comment le dévouement d'un citoyen à sa patrie n'a point de bornes; vois quelles louanges Cicéron décerne à la frugalité, à la tempérance, au respect du lien conjugal, à la chasteté, à l'honnêteté et à la pureté des mœurs. (St Augustin. *Lettres*, XII, 3.)

J'admire non-seulement ces sages dispositions, mais

---

parfumés. C'est ainsi que Cicéron déclare qu'il veut s'affranchir ici de l'imitation de Platon.

1. Cicéron condamne sans doute ici une des plus grandes sources de la fortune publique, le *négoce*. (Voir MONTESQUIEU, *Esprit des Lois*, XX, 4.)

2. C'est une des sources de la richesse et du capital; mais ce n'est point la seule : l'agriculture, le commerce et l'industrie, sont les plus abondantes.

3. Etymologie plus que suspecte. Les anciens avaient peu de scrupules en matière d'étymologie. Voir le *Cratyle*, de PLATON.

même le choix des termes : *s'ils ont un différend (si jurgant)*,
dit le texte de la loi. Un différend (*jurgium*) est une que-
relle entre amis, et non une lutte entre ennemis. — Et à
l'article suivant : la loi pense donc qu'il peut y avoir entre
voisins quelque différend, mais point de guerre (*jurgare*,
non *litigare* [1]) ou de vraie lutte judiciaire. (*Nonius*, v, 34.)

Ils ne pensaient pas que la vie de l'homme se terminât
avec ses soins terrestres ; de là, dans le droit des pontifes,
les prescriptions qui regardent la sainteté des sépultures.
(*Nonius*, ii, 805.)

Les Athéniens condamnèrent à mort leurs généraux in-
nocents, parce qu'ils n'avaient point *(après le combat des îles
Arginuses)* enseveli les cadavres qu'ils n'avaient pu, à cause
de la violence de la tempête, retirer des flots. (*Nonius*, iv,
158.)

Dans ce conflit, je n'ai point pris en main la cause du
peuple, mais celle des gens de bien. (*Nonius*, xii, 158.)

On ne résiste pas facilement à un peuple puissant, soit
qu'on ne lui accorde aucun droit, soit qu'on lui en accorde
trop peu. (*Priscien*, xv, 4, 20.)

Fassent les Dieux pour lui que ma prédiction ou mes
pressentiments se réalisent. (*Nonius*, vii, 7.)

IX. C'est en vain que Cicéron s'écrie au sujet des poëtes :
« Lorsqu'ils se sentent soutenus par les acclamations et les
suffrages du peuple, sage et merveilleux précepteur sans
doute, quelles ténèbres ils répandent ! quelles terreurs ils
inspirent ! quelles passions ils enflamment ! » (St Augustin,
Cité de Dieu, ii, 14. Ed. Moreau.)

Cicéron dit que quand même il vivrait deux fois l'âge
d'un homme, il ne trouverait pas le temps de lire les poëtes
lyriques. (Sénèque. *Epit.* xlix.)

X. Scipion dit dans le *Traité de la République* : « Nos ancêtres, tenant pour infâmes l'art et les jeux scéniques, non-
seulement ont jugé les gens de cette profession inadmis-
sibles aux emplois, ils ont encore voulu que la note de

---

1. Ce passage paraît se rapporter à | *Tusculanes*, II, 11 ; et SAINT AUGUSTIN,
une critique des poëtes, qui corrompent | *Cité de Dieu*, II, 14.
la jeunesse et l'esprit public. Comparer :

leur censeur les exclût même de leur tribu. (St Augustin,
Cité de Dieu, II, 11.)

... « Quel était le sentiment des vieux Romains sur les
jeux de la scène? Cicéron nous l'apprend dans ses livres *de
la République* où Scipion, en discutant, s'exprime ainsi :
« Jamais, si les mœurs privées ne l'eussent souffert, la comédie n'eût fait recevoir ses débauches au théâtre[1]. » Pour
les Grecs plus anciens, ils avaient peut-être une excuse au
libertinage de leur préjugé. La loi d'ailleurs permettait à
la comédie de parler, librement et nominativement, de tout
et de tous[2]. Aussi, dans ces mêmes livres, Scipion l'Africain
ajoute : « Qui la comédie n'a-t-elle pas atteint? ou plutôt sur
qui ne s'est-elle pas acharnée? qui a-t-elle épargné? » Qu'elle
ait blessé des flatteurs du peuple, citoyens pervers et sédi-
tieux, un Cléon, un Cléophon, un Hyperbolus[3], passe encore;
souffrons-le, bien qu'il soit préférable que de tels hommes
soient notés par le censeur, plutôt que par le poëte; mais
que Périclès, depuis tant d'années gouvernant la république avec une souveraine autorité dans la paix et dans la
guerre, soit outragé par des vers, et qu'on les récite sur la
scène, cela n'est pas moins choquant que si, parmi nous,
Plaute ou Nœvius eût voulu médire des Scipions, ou
Cœcilius de Caton[4]. » Et un peu plus bas : « Nos lois des
Douze Tables au contraire, si avares de la peine capitale,
l'ont portée contre tout citoyen qui flétrirait l'honneur
d'autrui par des poésies ou représentations outrageantes. »
C'est en effet au jugement, à la censure légitime des ma-

---

1. Cf. Rousseau, *Lettres sur les spectacles*; Bossuet, *Maximes sur la comédie*.

2. La comédie (la première, *l'ancienne*,
celle d'Eupolis, de Cratinus et d'Aristophane jusqu'au *Plutus*) jouit en effet
de ce privilége exorbitant. Mais on en
reconnut les abus, et la comédie moyenne
(celle de Ménandre) ne toucha plus aux
personnes, et ne fit plus de leçons de
politique dans la *Parabase :*
   « *Lex est accepta, chorusque
Turpiter obticuit, sublato jure nocendi.* »
   (Horace, *Art poétiq.*)
Sur l'origine du théâtre chez les Romains, lire : Tite Live, VII, 2; — et sur
la corruption des mœurs par les spectacles : Saint Augustin, *Cité de Dieu*, I, 28 ;
Tertullien, *De spectaculis*; Salvien,
De gratia Dei, VI, 1, 2, 3, 11.

3. Personnages des comédies d'Aristophane, que le poëte jouait lui-même
sur le théâtre, sous un masque qui re-
présentait leurs traits.

4. Les vieux poëtes latins ne s'étaient
pourtant pas toujours fait faute d'attaquer dans leurs vers les personnages
illustres; Nœvius avait poussé la médi-
sance jusqu'à la calomnie à l'égard du
Premier Africain.

gistrats et non au caprice des poëtes que notre vie doit être soumise ; et nous devons être à l'abri de l'injure, s'il ne nous est permis de répondre et de nous défendre en justice. » Tel est le passage du *Quatrième livre de la République* de Cicéron que j'ai cru devoir extraire littéralement, sauf quelques omissions ou de légers changements pour en faciliter l'intelligence : car il importe beaucoup à mon sujet. —Suivent d'autres développements dont la conclusion montre que les anciens Romains ne souffraient pas volontiers qu'un homme fût pendant sa vie loué ou blâmé sur la scène. » (St-Augustin. *Cité de Dieu*, ii, xi. Ed. Moreau.)

XI. Cicéron dit que « *la comédie est l'imitation de la vie, le miroir des mœurs, l'image de la vérité.* » (Donat, *De Com. et Tragico*, § lvii.)

Ce même livre (Livre ive) de *la République* rapporte qu'Eschine, l'éloquent orateur d'Athènes, après avoir joué la tragédie dans sa jeunesse, parvint au gouvernement de l'Etat, et qu'Aristodème, acteur tragique aussi, fut souvent envoyé par les Athéniens en mission auprès de Philippe pour traiter les plus importantes affaires de la guerre et de la paix. (St Augustin, *Cité de Dieu*, ii, 10.)

Aristide Quintilien (*De la musique*, livre II, p. 69-71. Edit. Meibom) nous apprend que dans ce livre Cicéron blâmait les abus de la musique, à l'exemple de Platon. Mais Aristide ajoute qu'il ne peut attribuer cette opinion à Cicéron lui-même, admirateur du comédien Roscius, et si passionné pour tout ce qui tenait au rhythme oratoire. (*Note empruntée à l'édit. Nisard*[1].)

---

1. Ce passage est emprunté par quelques éditeurs à Aristide Quintilien, qui a écrit en grec sur *la Musique*, et critiqué les opinions de Cicéron sur ce sujet. Les anciens ont, en général, considéré la musique comme une partie essentielle de l'éducation ; ils entendaient souvent par ce mot tous les exercices qui se rapportent à la culture intellectuelle et même morale de l'âme, de même que pour eux la gymnastique comprenait tous les exercices propres à développer la force et l'agilité du corps. Les plus rigides n'admettaient, il est vrai, que la musique sévère, le *mode dorien*, et condamnaient la mollesse pénétrante et corruptrice du mode *ionien*. Voir : *la République* de Platon. — La musique, comme le dit ici Aristide, devait être un moyen de conduire les âmes, ψυχαγωγία, comme l'éloquence, — et de les conduire à la vertu.

LIVRE V.

ARGUMENT.

Même disette de documents authentiques et de textes originaux que pour le livre précédent : on ne peut que deviner ou conjecturer, et c'est une méthode critique fort périlleuse.

Nous voyons que, dans un Préambule, Cicéron, prenant la parole pour son propre compte, se plaisait à retracer les vertus antiques et les fortes institutions des vieux Romains ; il se plaignait avec éloquence de la corruption croissante des mœurs. — Discussion sur l'organisation du pouvoir judiciaire : la juridiction civile d'abord aux mains des rois, puis attribuée au Sénat et transportée aux chevaliers.—Condamnation de l'éloquence sophistique, qui corrompt l'esprit public et séduit la religion des juges. —Portrait du véritable homme d'Etat : détermination de ses vertus et de ses talents, voilà à quels sujets paraissent correspondre les fragments que les éditeurs publient à cette place.—On lira encore avec profit l'ingénieuse dissertation de M. Villemain, en tête des fragments du Cinquième livre.

I. ..... Il ne suffirait pas de dire qu'à cette époque (*celle que Salluste décrit*) la république romaine était vicieuse et corrompue[1] : il faut dire qu'elle avait cessé d'être, suivant l'arrêt qui ressort de cette conférence entre les plus grands citoyens du temps. Et Cicéron en achève la preuve, quand, au début du *cinquième livre*, parlant non plus au nom de Scipion ou d'un autre, mais au sien propre, il cite ce vers d'Ennius :

« Rome subsiste par ses mœurs et ses hommes antiques »

— et s'écrie : « Quelle brièveté, quelle vérité dans ce vers ! c'est un oracle que je crois entendre. Ces hommes, en effet, sans la vertu publique — et la vertu publique, sans ces hommes, eussent été impuissants à fonder ou à maintenir

---

1. Ce texte de saint Augustin (*Cité de Dieu*, II, 21) nous a conservé le préambule du Ve livre, et nous apprend que Cicéron parle ici non par la bouche de Scipion ou de Lœlius, mais en son propre nom. C'est une plainte éloquente sur la ruine des mœurs publiques à Rome, au temps où écrit Cicéron.

tant d'années une si juste et si vaste domination. Aussi, avant notre âge[1], la morale du pays élevait au pouvoir les hommes éminents, et ces hommes gardaient les vieilles mœurs et les institutions des ancêtres. Mais notre siècle, recevant la république comme un magnifique tableau altéré déjà par le temps, n'a pas seulement négligé d'en raviver la couleur : il n'a pas même songé à sauver le dessin et les derniers contours ; car, que reste-t-il de ces mœurs antiques, par qui, dit le poëte, subsistait la république? Ces mœurs sont aujourd'hui tombées dans une telle désuétude, que non-seulement la pratique, mais la connaissance même en est perdue! Pour les hommes, qu'en dire? N'est-ce point par disette d'hommes que les mœurs ont péri? Désastre qu'il ne suffit pas d'expliquer, mais dont il faut nous défendre comme d'un crime capital : car ce n'est point par malheur, c'est par immoralité que nous n'avons plus que le nom de république, dont la réalité est dès longtemps perdue[2]. » Voilà donc l'aveu de Cicéron, après la mort de Scipion l'Africain, dont il nous expose les idées dans ses livres *de la République* (Saint Augustin, *Cité de Dieu*, II, 21. Ed. Moreau.)

II. Il n'y a pas d'œuvre plus royale que la recherche des lois de l'équité naturelle, qui comprenait aussi l'interprétation du droit positif[3] : aussi étaient-ce les rois qui rendaient la justice aux particuliers. C'est pour cette raison que l'on réservait des champs, des bois, des pâturages étendus et abondants qui formaient le domaine royal, et qui étaient cultivés aux frais de l'État, pour qu'aucun souci d'intérêt particulier ne détournât les rois du soin des affaires publiques. Nul particulier n'était juge ni arbitre des différends ; tout était soumis au jugement et à la décision

---

1. « Dans la naissance des sociétés, ce sont les chefs des républiques qui font l'institution ; et c'est ensuite l'institution qui forme les chefs des républiques. » (MONTESQUIEU, *Grandeur et décadence des Romains.*)

2. Il faut prendre acte de cet aveu courageux : ce ne sont pas, en effet, les caprices de la fortune, ni le jeu des circonstances qui perdent les États, mais les vices qu'ils nourrissent dans leur sein, et les fautes qu'ils commettent. Cela est vrai pour les individus et pour les États.

3. Les divers points de la législation romaine, dans ses rapports avec les mœurs et les institutions primitives, ont été discutés par Cicéron dans le traité *des Lois* (voir liv. I).

des rois[1]. Numa me paraît surtout avoir maintenu cet usage, prérogative des anciens rois de la Grèce. Les autres, tout en s'acquittant de cette fonction de juges, étaient principalement occupés à combattre, et pratiquèrent surtout le droit de la guerre. Cette longue paix de Numa fut pour Rome la mère de la justice et de la religion : il fut lui-même un législateur, et ses lois, vous le savez, subsistent encore. Ce génie du législateur doit être le caractère propre du grand citoyen dont nous cherchons à esquisser les traits...

III. Un bon père de famille a besoin d'avoir quelque connaissance pratique de l'agriculture, de l'art de bâtir, du calcul. (*Nonius*, IX, 5.)

..... *Scipion :* Serais-tu choqué qu'un fermier connût la nature des plantes et des graines? — *Manilius.* En aucune façon, pourvu que l'ouvrage se fasse. — Penses-tu que ce soit là l'occupation véritable d'un fermier? — Non, certes; car la culture des terres pourrait fort bien en souffrir. — Eh bien! de même que le fermier connaît la nature du sol, de même que l'intendant sait écrire, et que l'un et l'autre donnent moins à l'agrément spéculatif qu'à l'utilité pratique de la science : ainsi notre homme d'État aura étudié le droit et la législation, et sera remonté à leurs sources; mais il ne s'embarrassera pas dans le détail infini des consultations, des lectures, des mémoires, afin de pouvoir être avant tout comme un sage intendant et un excellent fermier de la république. Il devra être très-versé dans la connaissance du droit suprême et naturel, sans lequel personne ne saurait être juste; il ne sera pas étranger non plus au droit civil, mais dans la même proportion que le

---

1. Les rois (du moins avant Servius Tullius, qui créa des tribunaux inférieurs) réunissaient les deux juridictions *civile* et *criminelle*, appelées les jugements *privés* et les jugements *publics*. On sait qu'après l'expulsion des rois et jusqu'au temps des Gracques, la justice (*judicia*) au civil et au criminel resta dans les mains du sénat. « Les causes *politiques* étaient seules portées devant le peuple, et, dans le VI⁰ siècle, la plupart de ces causes retombaient encore sous la juridiction du sénat, par l'établissement des quatre tribunaux perpétuels, qui furent présidés chacun par un préteur. » (VILLEMAIN.) — La juridiction civile fut attribuée d'abord aux consuls, qui la déléguèrent, en 580, au préteur, ordinairement tiré de l'ordre sénatorial. En 630, les jugements, par une loi de T. Gracchus furent transférés des sénateurs aux chevaliers, puis rendus au sénat par les lois Cornéliennes, de Sylla.

pilote connaît l'astronomie et le médecin la physique : tous les deux en effet mettent la science au service de leur art, et ne se laissent pas détourner de leur métier. Le politique prendra garde...

IV. Dans ces républiques, les citoyens recherchent l'estime et la gloire, et fuient l'ignominie et l'opprobre. Ils sont moins effrayés par la crainte des châtiments et les menaces de la loi, que maintenus par le sentiment délicat de l'honneur, sentiment que la nature a mis en nous pour nous faire redouter tout blâme légitime[1]. L'homme d'État s'attache à fortifier ce sentiment naturel par l'opinion, à le perfectionner par les institutions et les mœurs, en sorte que la honte soit plus puissante que la crainte pour éloigner les citoyens du mal. Toutes ces considérations se rapportent à la gloire, et elles ont pu être plus développées dans un autre ouvrage[2].

V. Quant à la vie privée et aux mœurs domestiques, tout est réglé en ce qui regarde le mariage légitime, les enfants issus de ces unions, la sainteté des Dieux Pénates et les Dieux Lares, de telle sorte que chaque citoyen puisse participer aux avantages publics, tout en conservant la jouissance de ses propres biens[3]. On ne peut donc vivre heureux sans un bon état social, et rien n'est plus fortuné qu'une république sagement instituée : je ne puis donc que m'étonner...

VI. « Je passe tout mon temps à méditer sur le caractère du grand homme d'État dont j'ai tracé dans mes livres sur la *République* un portrait dont tu as goûté l'exactitude. Comprends-tu bien à quel unique objet doit rapporter ses soins ce conducteur de l'Etat ? n'est-ce pas ce qu'exprime Scipion au *Cinquième* livre ? — Comme le but du pilote est de faire une heureuse traversée, le médecin de guérir le malade, le général de remporter la victoire, ainsi le poli-

---

1. L'honneur, dont Montesquieu a fait le ressort des monarchies.

2. Ceci rentre dans des considérations sur la gloire, qui ont trouvé particulièrement leur place dans le *De Officiis* (livre II), où la gloire sert, pour ainsi dire, de trait d'union entre l'honnête et l'utile, étant comme une sanction éminemment avantageuse de la vertu.

3. On voit que Cicéron n'admet pas la communauté de toutes choses (ou le *communisme*) préconisée par Platon, et si justement condamnée déjà par Aristote (*Rép.*, II, 5).

tique se propose d'assurer le bonheur de ses concitoyens, de leur donner la puissance, la richesse, la gloire et la vertu : voilà l'œuvre que je veux qu'il réalise, et c'est le plus bel emploi du génie.» (*Cicéron à Atticus*, VII, 11.)

Et s'il en est ainsi, pourquoi ces louanges que vos auteurs décernent à l'homme d'État qui, si on les en croit, doit beaucoup plutôt consulter les intérêts du peuple que ses caprices? — (Saint Augustin. *Ep.* 104.)

VII. Cicéron ne l'a point dissimulé dans son *Traité de la République:* en parlant du grand citoyen, chef de la cité, il dit qu'on doit le nourrir de gloire ; et il est amené à rappeler combien les anciens Romains ont fait de belles et grandes choses par amour de la gloire (Saint Augustin, *Cité de Dieu*, V, 13).

Cicéron a dit dans *la République:* « que le chef de l'État doit être nourri de gloire, et que la république se maintient, tant que celui qui est à sa tête est honoré par tous. » (Pierre de Poitiers, *Epit. ad calum.*).

La vertu, le travail, l'activité, voilà les caractères essentiels du grand homme, à moins qu'un naturel trop fier et intraitable ne l'emporte. (*Nonius*, IV, 2.)

C'est cette vertu qu'on appelle le courage (*fortitudo*): elle comprend la grandeur d'âme, et le mépris de la douleur et de la mort. (*Nonius*, III, 70.)

VIII. Marcellus était impétueux et ardent ; Fabius Cunctator, circonspect et réfléchi. (*Nonius*, IV, 261.)

... Celui qui a connu sa violence et sa fierté indomptable. (*Nonius*, IV, 55.)

... Ce qui est souvent le cas non-seulement des individus, mais même des nations les plus puissantes. (*Nonius*, IV, 60.)

... S'étendant jusqu'aux limites de l'univers. (*Charisius*, I, p. 112.)

... Parce qu'il pourrait communiquer à vos familles les chagrins de la vieillesse.

IX. Cicéron dit dans *la République:* Le Lacédémonien Ménélas avait une éloquence douce et insinuante. — Et ailleurs : « Qu'il pratique la brièveté dans le discours.» (Sénèque, dans *Aulu-Gelle*, XII, 2.)

Il ne faut pas, comme Cicéron le montre si bien, qu'une éloquence perverse puisse surprendre la religion des juges. Il dit : « Puisqu'il n'y a rien dans l'État qui doive demeurer plus incorruptible que les suffrages et les arrêts des juges, je ne comprends pas pourquoi on inflige un châtiment à ceux qui les corrompent à prix d'argent, et pourquoi on va jusqu'à estimer ceux qui les corrompent par l'éloquence. Ceux-là, à mon sens, font plus de mal, qui séduisent par la parole, que ceux qui gagnent les juges à prix d'or, parce qu'un esprit intègre ne se laissera jamais prendre à l'appât du gain, et se laissera prendre au prestige de l'éloquence[1]. » (*Ammien Marcellin*, XXX, 4.)

Quand Scipion eut aussi parlé. Mummius approuva fort son sentiment; car il avait une aversion, peut-être poussée à l'excès, pour les rhéteurs. (*Nonius*, XII, 13.)

1. Critique très-juste des séductions de l'éloquence défendant une cause in- juste. — Comp. les critiques de Socrate dans *le Gorgias*.

LIVRE VI.

ARGUMENT.

I. La première partie de ce livre nous manque presque absolument. Sans doute Cicéron, après avoir déterminé les devoirs de l'homme d'État, recherchait les *causes morales* des révolutions.

II. Il traitait de la religion et de son action sur les mœurs. S'appliquant à déterminer le principe du sentiment religieux, il le trouvait dans la conscience, et aussi dans les espérances d'une vie future, suprême sanction de la vie présente. — Ces considérations sur l'immortalité, promise aux grandes âmes, servaient d'introduction naturelle au récit si célèbre, connu sous le nom de *Songe de Scipion*, où Cicéron imite, en la rendant plus vraisemblable, la fiction d'Er l'Arménien, qui sert aussi d'épilogue à *la République* de Platon.

III. Scipion Émilien raconte à ses amis que son aïeul Scipion, le premier Africain, lui est apparu autrefois en songe : il lui prédit les grands événements de sa vie, ses triomphes après la ruine de Carthage et de Numance, et les dangers dont le menaceront ses proches. — Il l'invite à mériter, par un dévouement absolu aux intérêts de son pays, cette immortalité que le Dieu Suprême de l'univers promet à ceux qui ont bien servi l'État : la vie véritable ne commence qu'au delà de cette vie mortelle.

IV. Paul Émile, apparaissant alors à son fils, lui donne les mêmes assurances que son aïeul, et lui apprend qu'il n'est pas permis de quitter la vie et de déserter son poste, sans la permission du Dieu qui nous a placés ici-bas pour que nous pussions, par la pratique du bien, nous ouvrir une route vers le ciel.

V. Le jeune Scipion ramenant ses regards vers la terre, son aïeul lui explique quelle place tient notre globe dans le système du monde. S'inspirant des idées de Pythagore et surtout de Platon, il décrit les divers mouvements des sphères célestes, et la divine harmonie qui résulte de ces mouvements. Seule, la terre est immobile ; elle est placée dans le cercle le plus inférieur ; et tout ce qui naît ici-bas est périssable, excepté les âmes que le Dieu Suprême a données aux hommes.—La renommée la plus vaste et la plus retentissante est circonscrite encore dans de bien étroites limites ; l'immortalité de la gloire est donc une immortalité bien précaire, et tout à fait indigne de ce nom. Il faut que les grandes âmes cherchent, au delà de cette vie et au-dessus de cette terre, un plus digne prix de leurs vertus et de leurs services. — Cette récompense n'est possible qu'à la condition qu'il y ait en nous un principe *éternel* : ce principe, c'est l'âme : l'âme qui ne reçoit le mouvement d'aucune autre force, et qui se meut elle-même.—Démonstration platonicienne de l'immortalité ou, pour parler plus exactement, de l'éternité de la substance de l'âme qui, comme Dieu, n'a ni commencement ni fin.— Il faut donc exercer l'activité de l'âme dans les plus nobles emplois, qui sont ceux de la *chose publique* : l'âme retrouvera ses ailes, et, bientôt affranchie, remontera plus vite vers le ciel qui est sa véritable demeure.

I. Tu veux que je te fasse connaître toute la prudence de ce chef de l'Etat : tu sais que le nom même de *prudence* vient de prévoir (*ex providendo*). — (*Nonius*, i, 198.)

Il faut qu'un bon citoyen soit toujours prêt à combattre tout ce qui pourrait troubler l'état de la cité. (*Nonius*, ix, 164.)

Il y a *sédition* quand les citoyens sont de sentiments opposés, et se divisent en deux camps. (*Nonius*, i, 96.)

Dans une dissension civile, lorsque les gens de bien l'emportent sur la multitude, je tiens qu'il faut peser et non compter les voix[1]. (*Nonius*, xii, 4.)

Les passions, tyrans impérieux, nous forcent à faire et nous commandent toutes sortes de fautes ; comme elles ne peuvent jamais être rassasiées ni assouvies, elles entraînent à tous les forfaits ceux qu'elles ont enflammés de leurs séductions. (*Nonius*, v, 13).

II. Le trait est d'autant plus beau que les deux collègues, étant sous le coup d'une accusation pareille, n'avaient pas pourtant tous deux la même impopularité, et que la faveur dont Gracchus était l'objet semblait demander grâce pour la haine qui s'attachait à Claudius[2]. (*Aulu Gelle*, vi, 16.)

Cet illustre citoyen prononça ces tristes et nobles paroles, qui sont restées comme un témoignage de son grand cœur. (*Nonius*, iv, 455.)

... Afin que tous les jours, comme il le dit lui-même, mille citoyens descendissent au forum avec des manteaux de pourpre. (*Nonius*, ix, 16.)

Vous vous rappelez comment une souscription impro-

---

1. C'est aussi la maxime qu'il faut appliquer dans la critique du *témoignage* des hommes : il faut *peser* plutôt que *compter* les témoins.

2. Il est ici question de Tib. Sempro-nius Gracchus, frère des Gracques et de Claudius Pulcher. (Voir TITE LIVE, XLIII, 167 ; et CICER., *De inventione*, I, 50.)

visée parmi les classes les plus pauvres suffit aux frais des funérailles... (*Nonius*, XII, 11.)

Nos ancêtres ont voulu que les liens du mariage fussent solidement établis... (*Nonius*, XI, 24.)

Il reste un discours de Lœlius, discours que nous avons tous entre les mains, où il montre combien les vases des sacrifices et les urnes de Samos sont agréables aux immortels. (*Nonius*, IV, 434.)

Fragments dont la place est incertaine dans l'ouvrage.

I. Quoique ce qu'il y a de plus désirable soit de conserver perpétuellement la fortune la plus florissante, cependant cette uniformité du bonheur ne produit pas en nous un sentiment aussi vif que le changement qui, des plus rudes épreuves et d'un état désespéré, nous ramène à une situation meilleure. (*Ammien Marcellin*, XV, 5.)

II. Une cité n'est pas autre chose qu'une multitude d'hommes unis par la concorde. (Saint Augustin, *Cité de Dieu*, I, 15.)

III. Cicéron dans ses *Dialogues* a nommé les Africains des *infracteurs* des traités (*fœdifragos*) (Cruquius, *ad Horatium*, *Od.* IV, 8, 17).

IV. C'est, Fannius, chose mal aisée que de louer un enfant : car ce n'est pas alors le mérite actuel, c'est le mérite en espérance qu'il faut louer. (Servius, *ad Œneida*, II, 771.)

V. Cicéron dit : Puisque l'interpellation de Philus nous force à reprendre notre propos depuis le point de départ : *a calce*. Les anciens appelaient *calcem* ce que nous appelons maintenant *cretam* (bornes) dans le Cirque (Sénèque, *Epit.* 108).

VI. Il cite ensuite plusieurs vers d'Ennius, et d'abord les deux suivants sur Scipion l'Africain :

« Scipion à qui jamais ni concitoyen ni ennemi ne put rendre tout le bien ou tout le mal qu'il en avait reçu.» (Sénèque, *Epit.* 108.)

On trouve chez Cicéron, dans les livres sur *la République*, cette épigramme: « S'il est permis à un mortel de monter jusqu'au séjour des dieux, à moi seul est ouverte la porte du ciel.» (Sénèque, *Epit.* 108.)

LE SONGE DE SCIPION.

III. Voici à quelle occasion Scipion raconta un songe sur lequel il déclara lui-même avoir longtemps gardé le silence : Lœlius se plaignait qu'on n'eût point élevé publiquement des statues à Nasica, pour le récompenser d'avoir tué le tyran. Après quelques réflexions sur ce sujet, Scipion ajouta : «Quoique pour les sages la conscience de leurs belles actions soit la plus magnifique récompense de leur vertu, cependant cette divine vertu, qui n'ambitionne pas ces statues qu'un plomb vil retient sur leurs bases, ou ces triomphes ornés de lauriers si tôt flétris, désire des récompenses plus durables et des couronnes plus vertes. — De quelles récompenses parles-tu? demanda Lœlius. — Souffrez, dit Scipion, puisque nous avons encore du loisir pendant ce troisième jour de fête, que je vous fasse un récit... [1] Voilà comment est rattachée au *Traité de la République* la narration du *songe de Scipion*. Il veut montrer que les honneurs durables et les palmes toujours vertes dont il parle, sont les récompenses réservées dans le ciel aux grands citoyens, et qu'il a vues en imagination. (*Macrobe*, I, 4.)

[*Comparez le commentaire de Favonius Eulogius* [2].]

LE SONGE.

IV. Lorsque j'arrivai en Afrique étant, comme vous le savez, tribun des soldats dans la quatrième légion, je

---

1. Dans un *Commentaire du Songe de Scipion*, Favonius Eulogius et Macrobe (qui nous a conservé le texte de Cicéron) nous apprennent que l'auteur latin avait voulu imiter le mythe du Xe livre de *la République* de Platon. Dans cet épilogue, Platon nous raconte qu'un certain Er, Arménien, revenu à la vie après douze jours, décrit tout ce qu'il a vu dans l'autre monde, et l'état des âmes après la mort. Cicéron substitue au mythe de Platon une fiction moins poétique et plus vraisemblable, qui conserve d'ailleurs un remarquable caractère de grandeur morale, et où la poésie ne fait pas non plus défaut. — On sait que ce morceau capital nous avait été conservé par Macrobe, grammairien latin du IVe siècle. Macrobe et Favonius Eulogius nous ont laissé tous deux un *Commentaire* sur le *Songe de Scipion*; Planude l'a traduit en grec. — Il faut lire aussi le *Timée*

2. Ici commence le songe de Scipion.

n'eus rien de plus pressé que de rendre visite au roi Massinissa, lié d'une amitié étroite avec notre famille par les plus justes motifs d'attachement. Dès que je l'eus abordé, ce vieillard m'embrassa et versa des larmes; puis, levant les yeux au ciel, il s'écria[1] : « Soleil, roi de l'univers, et vous tous, Dieux immortels, je vous rends grâces de ce qu'avant de sortir de cette vie, il m'est donné de voir dans mon royaume et sous mon toit P. Cornélius Scipion, dont le nom seul réjouit et ranime ma vieillesse; tant mon âme garde fidèlement le souvenir de l'excellent ami, de l'invincible Scipion, ton aïeul! ». — Ensuite, je lui fis des questions sur l'état de son royaume; il s'informa à son tour de notre république, et tout le jour se passa dans ces entretiens et ces mutuelles confidences.

V. Après un repas d'une magnificence royale, notre conversation se prolongea fort avant dans la nuit : le vieillard ne parlait que de Scipion l'Africain, dont il se rappelait toutes les actions et même les paroles. Ensuite, lorsque nous nous fûmes séparés pour prendre du repos, fatigué du voyage et d'une veille si longue, je tombai bientôt dans un sommeil plus profond que de coutume. Alors, sans doute parce que j'avais encore l'esprit rempli de l'objet de nos entretiens (car il arrive souvent que nos pensées et nos discours enfantent dans le sommeil des visions semblables[2] à celle que raconte Ennius à l'occasion d'Homère qu'il retrouvait dans ses songes, parce qu'il parlait de lui et pensait naturellement à lui durant le jour[3]), Scipion l'Africain m'apparut sous ces traits que je connaissais plutôt pour

---

de Platon, et l'étude savante de M. H. Martin sur ce dialogue, auquel Cicéron fait ici de nombreux emprunts. Nous ne pouvons signaler que les principaux.

1. MASSINISSA, roi des Massyliens (pays de Constantine). Dépouillé par Syphax, il avait été rétabli par Scipion l'Africain, qui avait ajouté à ses États une partie de ceux de Syphax.

2. Cf. LUCRÈCE, *De nat. rerum*, IV, 964. Edit. de M. Crouslé.

... Cui quisque fere studio devinctus
[adhæret,
Aut quibus in rebus multum sumus ante
[morati,
Atque in qua ratione fuit contenta magis
[mens,
In somnis eadem plerumque videmur
[obire,
Causidici causas agere, et componere
[leges,
Induperatores pugnare ac prælia obire,
Nautæ contractum cum ventis degere
[bellum.
etc.

(*De Natura rerum*, 962-1021.)

3. ENNIUS cité par Cicéron :

avoir contemplé ses images que pour l'avoir vu lui-même[1]. En le reconnaissant, je frissonnai de terreur, mais lui : « Rassure-toi, Scipion, me dit-il ; bannis la crainte et grave mes paroles dans ton cœur.

VI. « Vois-tu cette ville qui, forcée par moi d'obéir au peuple romain, renouvelle d'anciennes guerres et ne peut se tenir tranquille? (Et il me montrait Carthage, d'un lieu élevé tout rempli d'étoiles et resplendissant de clarté[2].) Aujourd'hui, tu viens l'assiéger presque soldat encore : consul d'ici à deux ans, tu la détruiras complétement, et tu mériteras ainsi ce surnom d'Africain que tu tiens déjà de nous par héritage. Lorsque tu auras renversé Carthage, que tu auras triomphé, que tu auras été censeur et que tu auras visité, comme représentant du peuple romain, l'Égypte, la Syrie, l'Asie, la Grèce, tu seras nommé consul pour la seconde fois, sans briguer toi-même les suffrages au Champ de Mars, et tu termineras par la ruine de Numance une guerre importante. Mais après que, sur un char de triomphe, tu seras monté au Capitole, tu retomberas au milieu des troubles de la république agitée par les projets de mon petit-fils[3].

VII. » C'est alors, Scipion l'Africain, que tu devras faire briller pour le salut de ta patrie le flambeau de ta grande âme, de ton génie, de ta prudence. Mais je vois, en ces temps, le destin hésiter, pour ainsi dire, entre deux routes : car, lorsque ta vie aura vu se succéder huit fois sept révolutions de soleil, et que ces deux nombres qui, l'un et l'autre, pour des raisons différentes, sont également parfaits[4], auront par leur cours naturel complété pour toi une somme fatale[5], la république entière se tournera vers toi et

---

« In somnis mihi visus Homerus adesse
[poeta. »

Cf. *Académiq.*, II, 16, 27 ; LUCRÈCE, I, 125 ; HORACE, *Épit.*, II, 1, 50 ; PERSE, VI, 10.

1. Le fils de Paul-Emile, Scipion l'Emilien, était tout enfant à la mort du Premier Africain.

2. La voie lactée.

3. Caius Gracchus.

4. « Le nombre huit était réputé parfait, comme nombre *pair* ; le nombre sept, à cause d'une certaine excellence mathématique, théurgique et symbolique qu'on lui attribuait. » (VILLEMAIN. — Voir *le Timée*, XI.) — Nous ne pouvons ici qu'expliquer les mots, et non leur sens allégorique et mystique qui nous échappe, et que le commentaire de Macrobe n'éclaircit guère.

5. Scipion Emilien mourut à 56 ans.

invoquera encore le nom des Scipion. C'est sur toi que se porteront les regards du Sénat, de tous les bons citoyens, des alliés, des Latins ; tu seras l'homme unique sur lequel reposera le salut du pays. Enfin, dictateur, tu constitueras de nouveau la république, si tu peux échapper aux mains impies de tes proches [1]. »—Lœlius, à ces derniers mots, jeta un cri, et tous les autres assistants émus poussèrent un gémissement ; mais Scipion avec un doux sourire : « Je vous en prie, dit-il, ne me réveillez pas ; ne vous troublez point, et écoutez le reste. »

VIII. « Mais, continua mon aïeul, pour que tu aies plus d'ardeur à défendre l'Etat, apprends que tous ceux qui auront sauvé, secouru, agrandi leur patrie, à ceux-là une place est réservée et fixée d'avance dans le ciel, où ils jouiront d'une félicité éternelle [2]. Car, devant le Dieu suprême qui régit tout cet immense univers [3], rien sur la terre n'est plus agréable que ces réunions, ces sociétés d'hommes unis par un droit commun que l'on nomme cités. C'est du ciel que sont partis les grands hommes qui les gouvernent et qui les conservent ; c'est au ciel qu'ils doivent retourner [4]. »

IX. Quoique je fusse frappé de terreur, moins par la crainte de la mort que par l'idée de la trahison des miens, je trouvai cependant la force de demander si lui-même, si Paul-Emile mon père vivait encore, ainsi que tous les autres que nous regardions comme à jamais perdus. — « Perdus, répondit-il ! non certes ; dis plutôt que ceux-là seuls vivent qui se sont affranchis des liens du corps, comme d'une prison [5] ; car ce que vous appelez la vie, c'est la mort. Regarde : voici ton père qui vient vers toi. » — J'aperçus en

---

1. On suppose que le parti des Gracques fit assassiner Scipion Emilien, au moment où il allait être nommé dictateur, et qu'il fut empoisonné par sa femme, sœur de Tibérius Gracchus.

2. Voilà l'immortalité promise aux grandes âmes. On remarquera que le *lieu* de cette vie bienheureuse n'est plus les Champs Elysées (*inferi loci*), mais le ciel.

3. Ce Dieu souverain, qui a créé les divinités inférieures (*cœlites*, astres, *stellæ divinis animatæ mentibus*). Voir le *Timée*, 15. Θεοὶ θεῶν, ὧν ἐγω δημιουργὸς πατήρ τε ἔργων. — C'est la première sphère du ciel pour les stoïciens. Voir ch. XIII.

4. Ce sont les idées platoniciennes. (Voir *Tusculanes*, liv. Ier, 17-20, édit. de M. Charles.) Les âmes des hommes sont considérées comme des parties de la substance divine, *divinæ particula auræ*.

5. Cf. CICÉRON, *Tuscul.*, I, 51. Edit. de M. Charles ; *le Phédon* de Platon, et *le Gorgias*.

effet mon père, et je fondis en larmes ; mais lui, m'embrassant avec tendresse, me défendait de pleurer.

X. Et moi — sitôt que, retenant mes larmes, j'eus la force de parler. «O mon père, m'écriai-je, homme sacré et vénérable, dis-moi, puisque la vie est ici[1], et non sur la terre, comme me l'apprend l'Africain, pourquoi resterais-je plus longtemps dans le séjour mortel? pourquoi ne pas me hâter de vous rejoindre ? » — « Il n'en est pas ainsi, répondit-il : à moins que le Dieu dont tout ce que tu vois est le temple ne t'ait délivré des entraves du corps, tu ne peux pénétrer dans ces demeures[2]. Les hommes sont nés avec cette condition et cette destinée expresse de garder ce globe que tu vois situé au milieu du temple de Dieu[3], et qu'on nomme la terre : il leur a été donné une âme tirée de ces feux éternels, que vous appelez les étoiles et les astres[4], et qui, substances sphériques[5] animées par des esprits divins, accomplissent avec une incroyable célérité leur évolution et leur course circulaire[6]. Ainsi, Publius, toi et tous les hommes religieux, vous devez retenir votre âme dans les liens du corps ; et vous ne devez pas sortir de la vie mortelle, sans l'ordre de celui qui vous l'a donnée, de peur que vous ne paraissiez vous soustraire à la tâche que Dieu vous a assignée en ce monde. Mais plutôt, comme ton illustre aïeul,

---

1. On voit qu'il y a là une certaine confusion, très-naturelle d'ailleurs dans l'état de rêve.

2. Il faut remarquer cette interdiction du suicide. Les anciens n'ont jamais eu de doctrine formelle et fixe à cet égard, et sur aucun point les nombreuses *contradictions* des stoïciens ne sont plus choquantes. On peut dire qu'ils défendent le suicide en général, et le permettent en certains cas. Cicéron n'est guère plus explicite. (Voir *Tusculanes*, 1, 30. Edit. de M. Charles.) — Socrate, dans *le Phédon*, veut qu'on reste au poste d'honneur et de péril où la divinité nous a placés. Virgile, s'inspirant des idées platoniciennes, met dans les Enfers ceux qui : *lucem perosi projecere animas* (VI, 431-455).—Voir les *Lettres de Sénèque à Lucilius*. Edit. de M. Charles. Lettr. LXX.

3. Dans les idées des anciens, la terre occupait le centre de l'univers.

4. Le Dieu-Démiurge (organisateur et architecte de l'univers) donne une âme à l'univers, et fabrique autant d'âmes particulières (émanées de la substance divine) qu'il y a d'astres. Aussi les astres, animés d'âmes divines, sont dits les *enfants* du Dieu suprême. Les fils du Dieu sont chargés à leur tour de fabriquer les âmes des hommes avec le feu de l'*esprit* divin, qui reste au fond de la coupe, mélangé avec beaucoup d'argile ; ainsi les astres sont comme les pères et les patrons officiels des âmes humaines, les conduisent et les inspirent pendant cette vie, et les recueillent après la mort. Cicéron a traduit lui-même tout ce curieux passage du *Timée*, XI-XIV.

5. On a toujours attaché au cercle une idée symbolique et mystique de perfection absolue.

6. C'est Kepler qui a trouvé que la marche des astres n'était pas circulaire, mais *elliptique*.

comme moi qui t'ai donné le jour, cultive la justice et la piété, et n'oublie pas que si nous devons ce culte à nos parents et à nos proches, nous le devons surtout à notre patrie[1]. Voilà la vraie vie qui mène au ciel, et nous réunit à ceux qui ont déjà vécu, et qui, délivrés du corps, habitent le lieu que tu vois. »

XI. — En même temps, mon père me montrait ce cercle éclatant de blancheur, qui resplendit au milieu de tous les feux célestes, et que vous appelez, d'après les Grecs, la *Voie lactée :* c'est de là que, portant mes yeux de toute part, je contemplai toutes les autres merveilles de l'univers. C'étaient des étoiles que, de la terre où nous sommes, nos regards ne sauraient atteindre; c'étaient des espaces et des grandeurs que nous n'avions jamais soupçonnés[2]. De ces étoiles, la plus petite était celle qui, située sur les confins extrêmes du ciel, et le plus près de la terre, brillait d'une lumière empruntée : les globes étoilés l'emportaient de beaucoup sur la terre en grandeur[3]; et cette terre elle-même me parut si petite, que j'avais honte de notre empire, qui n'occupe qu'un point de sa surface.

XII. Comme je la regardais attentivement : « Jusques à quand, dis-moi, reprit Scipion, ton esprit restera-t-il attaché à la terre? Ne vois-tu donc pas dans quel observatoire tu as pénétré? N'aperçois-tu pas le monde entier, formé de l'assemblage de neuf cercles ou plutôt de neuf sphères[4]? La première, la plus élevée de ces sphères, celle qui embrasse toutes les autres, est le Dieu suprême lui-même, le Ciel, qui contient et règle ainsi tous les autres mouvements[5] : à ce premier cercle du Ciel sont fixées les étoiles,

---

1. C'est la hiérarchie indiquée à la fin du 1er livre du *De Officiis :* nos premiers devoirs sont envers les Dieux, puis envers la patrie, puis envers nos parents.

2. On voit que les anciens avaient au moins quelque idée de ces *espaces infinis,* dont *l'immensité effrayait* Pascal, et qui défient encore les calculs prodigieux de notre science moderne. — Voir HUYGHENS, dans son *Cosmothéoros.*

3. Ainsi la terre était tenue déjà pour une sphère de très-moyenne grandeur, et faisant une assez chétive figure dans le monde.

4. Tout le *cosmos* ou ordre de l'univers résulte ici de l'assemblage de neuf cercles ou plutôt de neuf sphères : 1o le ciel des étoiles fixes ; 2o les sept sphères des planètes; 5o la terre immobile. (Voir § 17.)

5. Cette singulière conception ne vient pas de Platon, mais des stoïciens. Dans Platon, l'âme du monde ou premier ciel est engendrée par Dieu. (Voir *le Timée*

emportées avec lui d'un mouvement éternel. Plus bas gravitent sept globes, selon un mouvement contraire à celui du Ciel [1]. Le premier de ces globes est celui que sur la terre on appelle Saturne : au-dessous l'astre propice au genre humain, qu'on nomme Jupiter; puis cette étoile, à la clarté sanglante et terrible, que vous appelez Mars ; ensuite, et presque au centre de cette région des planètes, est le soleil, chef, roi, modérateur des autres astres et du monde qu'il gouverne [2] : si vaste qu'il éclaire et remplit tout de sa lumière. Après lui, et comme lui faisant cortége, Vénus et Mercure ; enfin au cercle le plus inférieur roule la lune, enflammée aux rayons du soleil. Au-dessous d'elle, il n'y a plus rien que de mortel et de corruptible, à l'exception des âmes dont un bienfait des Dieux a gratifié la race humaine. Au-dessus de la lune, au contraire, tout ce que tu vois est éternel : car, quant à cette terre qui, placée au centre du monde et le plus loin du ciel, forme le neuvième globe, elle est immobile [3]; et tous les corps sont entraînés vers elle par leur propre poids [4]. »

XIII. Je contemplais ce spectacle avec stupeur, et lorsque je repris possession de moi-même : « Quelle est donc, demandai-je à mon père, cette harmonie si puissante et si douce qui remplit ainsi mes oreilles? — C'est, me répondit-il, l'harmonie qui, formée d'intervalles inégaux, mais dans

chap. 9.) Les stoïciens ne distinguent plus le Dieu créateur ou organisateur du monde d'avec l'âme même du monde. Pour eux, le monde est un être vivant et divin, un *feu vivant* qui engendre tout et pénètre les corps de toute part : ainsi Dieu est dans le monde, et non hors du monde. C'est un panthéisme formel, dont l'imagination poétique de Cicéron dissimule ici quelque peu les parties les plus grossières.

1. Cette opposition de mouvements est empruntée au *Timée*. Platon distingue *deux cercles*, l'un intérieur, l'autre extérieur ; le second cercle, qui représente le cercle de la diversité absolue, est opposé au premier qui représente le cercle de l'identité absolue. Ce second cercle est divisé en sept parties. Ce sont les sphères des planètes, dont le mouvement est en sens inverse de celui des constellations du zodiaque. (Voir la savante note de l'édit. de **M. Charles**.)

2. Il ne faut pas traduire par *âme du monde*. — Du reste, on a relevé des contradictions dans toute cette théorie cosmogonique et astronomique de Cicéron. Sa doctrine, ici comme ailleurs, est un peu flottante.

3. C'est l'opinion générale des anciens. Pythagore, cependant, croyait que la terre se mouvait, et que c'était le soleil, et non la terre, qui occupait le centre du monde.

4. Remarquer ces premières idées de l'attraction moléculaire et de la gravitation universelle. — L'âme, au contraire, n'est pas soumise à cette chute, à cette loi de la pesanteur. (Cf. *Tusculanes*, I, 19.)

des proportions régulières et calculées, résulte de l'impulsion et du mouvement des sphères, et qui, combinant les tons aigus et les tons graves, produit, avec des sons si variés, de merveilleux accords[1]. De si grands mouvements ne peuvent en effet s'accomplir en silence, et la nature veut qu'aux deux extrémités un son aigu corresponde à un son grave. Aussi le plus élevé des cercles, celui du Ciel, dont la révolution est plus rapide, se meut avec un son aigu et précipité, tandis que le cercle inférieur de la lune ne rend qu'un son très-grave[2] : quant à la terre, elle demeure immobile, fixée à tout jamais au centre du monde. Les huit autres cercles, parmi lesquels deux, Mercure et Vénus, ont la même vitesse, résonnent à l'unisson[3], et pro-

1. Harmonie des sphères célestes (*orbes*) empruntée à Pythagore. — « Cicéron, d'après le système de Pythagore, compare ici les mouvements des planètes et l'orbe des étoiles fixes, aux vibrations ou ébranlements des huit cordes qui composaient l'ancien instrument appelé *octa-corde*, formé de deux *tétra cordes* disjoints, ou de huit cordes en tout, qui, dans le genre diatonique, rendaient ces huit sons de notre musique, *mi, la, sol, la, si, ut, re, mi*; en sorte que la lune, la plus basse des planètes, répond au *mi*, le plus grave des huit sons ; Mercure au *fa*; Vénus au *sol*; le Soleil au *la*; Mars au *si*; Jupiter à l'*ut*; Saturne au *re*, et l'orbe des étoiles, qui est le plus élevé de tous, au *mi*, le son le plus aigu, et faisant l'octave avec le plus grave. Ces huit sons, comme l'on voit, sont séparés de huit *intervalles* suivant certaines *proportions*; de manière que du *mi* au *fa* se trouve la distance d'un *demi-ton*; du *mi* au *sol* celle d'une *tierce mineure*; du *mi* au *la* celle d'une *quarte*; du *mi* au *si* celle d'une *quinte*; du *mi* à l'*ut* celle d'une *sixte mineure*; et du *mi* au *re* celle d'une *septième mineure*, lesquels, avec l'octave, font en tout sept accords. » (BURETTE, cité dans l'édit. Nisard.)

2. Le cercle inférieur de la lune, dans sa révolution plus lente, ne rend que des sons graves. — Le son est un mouvement, aigu ou grave, suivant la vitesse des vibrations.

5. Sur ces huit sphères mobiles, deux (Vénus et Mercure) ayant la même vitesse, rendent le même son, résonnent à l'unisson (MACROBE), — ou bien deux, la plus éloignée et la plus basse, c'est-à-dire le cercle des étoiles fixes et celui de la lune, résonnent à l'octave, séparés entre eux par l'intervalle d'une gamme. « Les deux mots *eadem vis*, pourraient, à la rigueur, se prendre en deux sens différents : ou pour les révolutions de deux astres, si peu inégales entre elles qu'elles pussent répondre aux vibrations de deux cordes de l'*octa-corde* montées à l'*unisson*, ou pour les révolutions de deux astres, dont l'un fût une fois plus rapide que l'autre, et qui, par là, répondissent aux vibrations des deux cordes extrêmes de l'octacorde, c'est-à-dire des deux *mi* qui sont à l'octave l'un de l'autre. C'est dans ce dernier sens qu'on doit prendre : *eadem vis est duorum*; alors tous les accords principaux se trouvent employés dans la comparaison. Si l'on ajoute *Mercurii* et *Veneris*, comme l'ont fait quelques éditeurs, il faudra y donner le premier sens, et faire disparaître l'*octave* pour y substituer l'*unisson*, qui n'est point un accord. En effet, l'orbe des étoiles ne sera plus alors à l'octave de la lune : il n'en sera qu'à la *septième*, puisque Mercure et Vénus étant presque à l'unisson, ils ne seront l'un l'autre qu'à environ un demi-ton de la lune; et par conséquent, le système des astres répondra, non à l'*octacorde*, mais seulement à l'*heptacorde*, composé de six accords ou intervalles, et destitué totalement de l'octave, qui est pourtant une des consonnances principales, et comme le complément du système harmonique. C'est ce qui porte à croire que ces mots de quelques manuscrits, *Mercurii et Veneris*, pourraient bien n'être qu'une glose qui aura passé de la marge dans le texte. » (BURETTE.)

duisant sept sons distincts : et ce nombre sept est le nœud de presque toutes les choses[1]. Les hommes qui ont imité cette harmonie par le son des cordes[2] ou de la voix, se sont frayé un chemin pour revenir dans ces régions célestes, ainsi que tous les beaux génies qui, dans une vie mortelle, ont cultivé des sciences divines. Mais les oreilles des hommes sont assourdies par le retentissement de cette musique céleste, et ne peuvent plus l'entendre, le sens de l'ouïe étant le plus imparfait chez vous autres mortels. C'est ainsi qu'aux lieux où le Nil précipite du haut des montagnes ses *Cataractes*, comme on les appelle, ce fracas épouvantable a rendu sourds les habitants voisins. Cette harmonie de tout l'univers, emporté dans une course si rapide, est telle que l'oreille de l'homme ne peut la supporter, de même que vous ne pouvez regarder le soleil en face, et que ses rayons perçants vous éblouissent et vous aveuglent.» — En admirant tant de merveilles, je reportais cependant quelquefois mes regards vers la terre[3].

XIV. L'Africain me dit alors : « Je vois bien que tu contemples encore la demeure et le séjour des hommes. Mais si la terre te semble petite, comme elle l'est en réalité, relève donc toujours les regards vers les régions célestes ; méprise toutes les choses humaines. Et en effet, quelle renommée si étendue, quelle gloire vraiment désirable peux-tu acquérir parmi les hommes ? Tu vois quelles rares et étroites portions du globe ils occupent, et quels vastes déserts sont interposés entre ces espèces de taches qui marquent les points habités. Les hommes, disséminés sur la terre, sont tellement isolés les uns des autres qu'il n'y a point de communication des uns aux autres ; les uns n'habitent ni sur le même parallèle, ni sur le même méridien ; les autres vivent sur le même parallèle, mais sur un autre méridien ;

---

1. Ces superstitions sur les nombres, et en particulier sur les nombres sept et trois (divisions septenaires et ternaires), se retrouvent partout. — La lyre eut quatre, puis sept cordes (*tetracorde* et *heptacorde*).

2. Les Orphée, les Linus, etc. La musique, dans les idées des anciens, avait aidé à policer et civiliser les hommes. (Cf. HORACE, *Art poétique*, 391-408.)

3. Idée naturelle, et par laquelle aussi l'auteur nous ramène du ciel sur la terre, pour nous faire mieux comprendre le sens de notre passage en ce monde.

d'autres sont placés à nos antipodes [1] ; quelle gloire pouvez-vous espérer là où votre existence même n'est pas soupçonnée?

XV. Et vois ces zones qui paraissent envelopper la terre, et former comme autant de ceintures autour d'elle : deux d'entre elles, qui sont aux extrémités du globe, et dont chacune s'appuie sur un des pôles du ciel, sont glacées par d'éternels frimas; la plus grande de toutes, celle qui est au milieu, est brûlée par les ardeurs du soleil. Il n'y en a que deux d'habitables : la zone australe dont les habitants sont vos antipodes, race absolument étrangère à la vôtre; la zone septentrionale, où souffle l'aquilon; et encore vois combien est petite la portion que vous en occupez! Toute cette région que vous habitez, resserrée vers les pôles, plus large vers le centre [2], forme comme une petite île, baignée par cette mer que vous appelez l'Atlantique [3], la Grande Mer, l'Océan; et, en dépit de tous ces grands noms, tu vois comme elle est peu étendue. Mais en ne prenant que les terres connues et fréquentées par les hommes, dis-moi si ton nom ou celui de quelqu'un de nous a jamais pu franchir ce Caucase que tu aperçois [4], ou traverser les flots du Gange? Qui jamais, dans le reste de l'Orient ou de l'Occident, aux bornes du septentrion ou du midi entendra jamais parler de Scipion? Or, tout cela étant retranché, tu vois dans quel étroit espace votre gloire s'efforce de se répandre et de se développer! Et ceux mêmes qui parlent de vous, combien de temps en parleront-ils [5]?

XVI. « Il y a plus, quand même les races futures vou-

---

1. Il résulte de ce passage et de beaucoup d'autres que les anciens, tenant la terre pour ronde, devaient admettre les antipodes. Du temps d'Homère, cependant, la terre était considérée comme un disque plat; mais le disque pouvait avoir un *dessus* et un *dessous*.

2. Cette partie de la terre, que vous occupez, est resserrée vers les pôles (*verticibus*) et plus large sur les flancs, vers le centre (*lateribus*). [45 degrés relativement aux pôles ; 180 d'Occident en Orient.]

3. Il s'agit des trois continents alors connus : l'Europe, l'Asie, l'Afrique.

4. La fiction de Cicéron prend par ce mot, qui exprime un geste de Paul-Émile, un air grandiose de vraisemblance.

5. Ces idées, sur le néant de la gloire humaine, circonscrites en de si étroites limites de temps et d'espace, ont été reprises éloquemment par Boèce (*Consolatio philosophica*), et par Milton, s'inspirant de Calpurnius en de très-beaux vers latins :

« O tu qui rimium imprudens tumidusque
[superbis
» Quam parvo ut videas in limite quan-
[tulus erres, etc. »

draient transmettre à leur postérité la gloire de chacun de
nous, de façon à ce qu'elle passât comme un héritage de
génération en génération, les déluges et les embrasements
qui doivent arriver fatalement à des époques déterminées[1],
empêcheraient toujours que nous pussions obtenir, je ne
dis pas l'éternité, mais seulement la longue durée de la
gloire. Et puis, que t'importe d'être nommé dans les discours des hommes qui naîtront après toi, lorsque tu ne l'as
pas été dans les temps qui ont précédé ta naissance, et par
des hommes tout aussi nombreux, et assurément meilleurs?

XVII. » N'oublie pas d'ailleurs que, parmi ceux qui peuvent entendre parler de toi, nul ne saurait embrasser les
souvenirs d'une seule année[2]. Car les hommes mesurent
vulgairement l'année sur la révolution du soleil, c'est-à-dire
sur le cours d'un seul astre. Mais lorsque tous les astres re-
viendront au point d'où ils sont partis, et qu'ils auront ainsi
ramené, après de longs intervalles, la même disposition
de toutes les parties du ciel, alors seulement on pourra
dire qu'*une année* est accomplie ; et j'ose à peine exprimer
le nombre de générations d'hommes que renferme une telle
année. Le soleil parut jadis s'éclipser et s'éteindre, lorsque
l'âme de Romulus pénétra dans nos demeures célestes :
quand le soleil s'éclipsera de nouveau au même point du
ciel et dans les mêmes conjonctures, tous les astres, toutes
les planètes étant revenus au lieu de leur départ, alors seulement une année sera complétement révolue. Mais sache que
de cette *grande année* la vingtième partie n'est point encore accomplie[3].

1, Selon les stoïciens, *le feu vivant*
qui avait produit le monde devait le
détruire en le *résorbant*.

2. On voit par ce qui suit qu'il s'agit
non de l'année *commune*, mais d'une
grande année astronomique qui serait
marquée par le retour de toutes les planètes à leur point de départ, ensemble
et à la fois. (Cf. Cic., *De natura Deorum*, livre II, chap. 20.) — « Les autres
globes, dit Platon, leurs noms, leurs
éléments, sont connus de quelques mortels; mais la plupart ne soupçonnent pas
que le temps se mesure aussi sur la car-
rière de ces astres, dont nous ne sau-
rons jamais ni le nombre, ni les merveilles. Seulement on peut croire que la
succession complète des âges ramènera
la *grande année périodique*, lorsque
toutes ces sphères, après les innombrables combinaisons de leur double mouvement, par la force de l'âme divine,
seront revenues au point où leur course
errante a commencé. »

3. Les anciens n'ont pu s'entendre sur
la durée de cette fameuse année. «Cette

XVIII. » C'est pourquoi, si tu désespères de revenir dans ce séjour des Dieux, qui réservent la félicité parfaite aux grandes âmes[1], de quel prix peut être pour toi la gloire humaine, qui saurait à peine s'étendre à une faible partie d'une seule année? Mais si tu veux porter tes regards en haut et contempler cette patrie éternelle qui t'attend, ne te fais point l'esclave de l'opinion et des vains propos de la foule, et ne place pas ton espérance dans les récompenses humaines. Il faut que la vertu seule soit assez puissante pour te séduire à la vraie gloire par ses propres attraits[2]. C'est aux autres à savoir ce qu'ils devront dire de toi[3]; ils en parleront sans doute. Mais tout le bruit que peut faire ainsi ton nom ne retentit pas au delà des régions que tu vois : il n'y a point de renommée éternelle; elle périt avec les générations qui meurent; elle se perd et s'anéantit dans le vaste oubli de la postérité. »

XIX. Après qu'il eut ainsi parlé. — « O Scipion, lui dis-je, s'il est vrai que ceux qui ont bien mérité de leur patrie se sont ainsi frayé un chemin vers les portes du ciel, moi qui, marchant dès l'enfance sur les traces de mon père et sur les tiennes, me suis efforcé de ne point déshonorer votre gloire, je veux aujourd'hui redoubler de zèle et d'ardeur pour conquérir une si belle récompense.» — Courage donc[4], me dit-il, et sache bien que tu n'es pas mortel : il n'y a de mortel en toi que ton corps[5]. Ce qui fait tout l'homme, c'est l'âme, et non cette forme extérieure et cette figure que l'on peut montrer avec le doigt[6]. Apprends donc que tu es un

---

grande année, dit Angelo Maï, renferme *quinze mille* années vulgaires, selon le calcul des astronomes, rapporté par Macrobe, — II, 11. Depuis la mort de Romulus jusqu'à l'époque du Songe de Scipion, il y avait 573 ans d'écoulés; par conséquent la vingtième partie de l'année du monde n'était pas encore accomplie.» — Comparer les terreurs de l'an 1000 au moyen age.

1. Décidément, pour Cicéron, l'immortalité de l'ame n'est faite que pour les grands hommes. Ici se révèle la supériorité des doctrines chrétiennes sur les plus belles et les plus hautes conceptions de la métaphysique ancienne.

2. Voilà des pensées éternellement justes, et qui donnent à ce morceau un incomparable caractère de beauté et de grandeur morale.

3. Pensée toute stoïcienne dans son fier désintéressement.

4. C'est la haute doctrine de l'*effort moral*, prêchée avec tant d'éclat par les stoïciens (τόνος).

5. Il n'y a que le corps qui soit mortel ou périssable. L'âme est d'une essence supérieure et incorruptible. (Cf. *Tusculanes*, I, 22. Edit. de M. Charles.)

6. Ce qui nous fait, nous constitue

Dieu[1]; n'est-il pas Dieu en effet celui qui vit, qui sent, qui se souvient, qui prévoit, qui sait gouverner, régir et mouvoir le corps auquel il est attaché, de la même façon que la providence du Dieu suprême administre l'univers[2]. Comme le Dieu éternel meut le monde en partie corruptible[3], ainsi l'âme immortelle meut le corps périssable.

XX. En effet, ce qui est toujours en mouvement est éternel[4]; ce qui communique le mouvement, mais le reçoit lui-même d'ailleurs, cesse fatalement de vivre, dès qu'il s'arrête[5]... L'être qui se meut lui-même est donc le seul qui, n'étant jamais abandonné par lui-même, ne cesse jamais de se mouvoir. De plus, il est pour tous les autres êtres la cause et la source originelle du mouvement[6]. Or une cause première n'a point d'origine : car c'est du principe que tout procède, et lui-même ne peut tenir l'être d'aucune autre chose ; s'il était produit par quelque autre cause antérieure à lui, il ne serait pas principe ; n'ayant point de commencement, il ne peut par cela même avoir de fin ; car un principe anéanti ne pourrait être reproduit

nous-même, c'est notre âme intelligente, et non notre figure sensible, signe tout extérieur de notre individualité.

1. Voilà les assurances ambitieuses et excessives que le stoïcisme donnait aux hommes : les âmes sont parties de la substance divine ; donc, l'homme est Dieu. Ce sont des principes ressuscités par le panthéisme et l'*humanisme* des nouvelles écoles allemandes ; mais, pour être juste, il faut avouer que les stoïciens n'entendaient pas pousser la thèse au point où l'ont amenée les néo-hégéliens. — Nous dirons avec plus de simplicité et de vérité que ce qu'il y a de divin en nous, c'est notre âme *faite à l'image* de Dieu, et notre raison, qui nous vient de lui.

2. Il y a, entre les attributs de l'homme et les attributs de Dieu, toute la différence du fini à l'infini : la prévoyance timide, incertaine et fragile de l'homme n'est pas la prescience et la providence infaillibles de Dieu. — Notre corps est le petit univers, le *microcosme*, que notre âme anime et gouverne, comme le grand Dieu anime et conduit le grand univers. (Cf. SÉNÈQUE, *Lettres à Lucilius*, XXXI. Edit. de M. Charles.)

3. Quelle partie ? C'est ce qui n'est guère expliqué par Cicéron. Il faut se rappeler que, pour les stoïciens, dont la métaphysique est toute matérialiste, *tout ce qui est, est corps*; l'âme est corps (un corps plus pur que la substance des êtres matériels) ; les principes sont des *corps sans forme*; la vérité même est un corps ; Dieu est un corps, *feu vivant*, comme l'âme est un *air ardent*; le monde est un corps parfait, mais dont les parties ne sont point parfaites.

4. Ici l'auteur latin traduit encore Platon (le *Phèdre*), comme au chap. 25 du 1er livre des *Tusculanes*, qui reproduit ce passage de *la République* textuellement.

5. Saint Thomas dit avec une précision originale : « La vie est un mouvement fécond. »

6. Aristote, se séparant de Platon, n'admettait pas que l'être principe du mouvement fût mobile lui-même : on sait qu'il définissait Dieu : *le moteur immobile*, κινοῦν ἀκίνητον.

par un autre, ni créer, en le tirant de lui-même, un autre principe. Ainsi le principe du mouvement réside dans l'être qui se meut par lui-même : or un tel être ne peut ni commencer ni finir[1] ; car autrement, le ciel s'écroulerait infailliblement ; la nature entière s'arrêterait, sans pouvoir retrouver aucune force qui lui rendît sa primitive impulsion.

XXI. Il est donc évident que l'être qui se meut lui-même est éternel : et comment pourrait-on nier que cette puissance de se mouvoir soi-même n'appartienne à nos âmes, dont elle est un attribut[2] ? L'être qui reçoit l'impulsion d'une cause extérieure est inanimé ; mais l'être vivant et animé se meut en vertu d'une force intérieure qui lui est propre ; et telle est la nature et la puissance éminente de l'âme[3]. Si donc seule, parmi tous les êtres, l'âme a en elle-même le principe de son mouvement, il est certain qu'elle n'a point pris naissance, et que par suite elle est éternelle[4]. C'est cette âme qu'il te faut exercer dans les occupations les plus excellentes ; et il n'en est point de meilleures que celles qui ont pour objet le salut de la patrie[5]. Excitée et fortifiée par ces nobles soucis, l'âme prendra plus vite son essor vers cette céleste demeure qui est sa patrie naturelle ; sa course sera d'autant plus rapide qu'elle se sera exercée, alors même qu'elle était captive dans la prison du corps, à sortir de cette geôle, à contempler les horizons les plus étendus, à s'arracher autant que possible aux liens de la matière, et à divorcer avec elle. Au contraire, les âmes de ceux qui sont livrés aux grossiers plaisirs des sens, qui

1. C'est ainsi que nous concevons que Dieu n'ayant pas eu de commencement ne saurait avoir de fin.

2. C'est la preuve de l'immatérialité et de l'éternité de la *substance* de l'âme, par son *activité*. Les anciens paraissent avoir attaché une grande importance à cette démonstration toute logique et abstraite, qui a l'inconvénient de ne pas nous garantir le point essentiel, c'est à savoir la survivance et l'immortalité de notre personne intellectuelle et morale. Le raisonnement du *Phèdre* et de Cicéron ne prouve l'immortalité de notre âme qu'en tant qu'elle est partie de la substance divine et éternelle, *divinæ particula auræ*.

3. L'âme, dit Platon, est la seule substance qui se meuve elle-même. (Voir le *Phèdre*.) Ce principe de Platon est rejeté par Aristote : *De anima*, liv. Ier.

4. Dans le système de Platon et dans la subtile argumentation du *Phèdre*, il s'agit de l'âme *universelle du monde*, bien plutôt que des âmes *individuelles des hommes*. — Il faut comparer ces arguments du *Phèdre* avec ceux du *Phédon*.

5. Cicéron nous ramène aussi au sujet de son livre. « Les hommes, dit Machiavel, qui par les lois et les institutions ont formé les républiques et les royaumes, sont placés plus haut, sont le plus loués après les dieux. »

en sont devenus les serviteurs trop complaisants et, sous
l'empire des passions et des basses voluptés, leurs com-
plices, ont violé toutes les lois divines et humaines, ces
âmes misérables, échappées aux liens du corps, errent tris-
tement autour de la terre[1], et ne reviennent dans ce séjour
céleste qu'après une agitation douloureuse de plusieurs
siècles.»

Alors il disparut et je me réveillai[2].

Ici s'arrêtent les fragments conservés du sixième livre.

1. C'est une espèce de *purgatoire*.
Voir aussi VIRGILE, livre VI, vers 736-
746.

« Donec longo dies, perfecto temporis
[orbe,
Concretam exemit labem, purumque
[reliquit

Ætherium sensum, atque auraï sim-
[plicis ignem. »

Mais Virgile place ce *purgatoire* dans
les lieux infernaux.

2. *Je me réveillai.*—C'était sans doute
les derniers mots du VIe livre et de
l'ouvrage entier.

FIN.

Saint-Cloud. — Imprimerie de Mme Ve Belin.

Arithmétique, *rédigée conformément aux programmes officiels, contenant de* [illegible] exercices, à l'usage des élèves des lycées et colléges et des candidats a[illegible] du gouvernement ; par M. E. Burat, ancien élève de l'école normale, agr[illegible] sciences, professeur de mathématiques au lycée Saint-Louis. 1 vol. in-8°, [illegible] 4 fr.

Trigonométrie rectiligne (Éléments de), à l'usage des élèves des lycées et collég[illegible] et des candidats aux écoles du gouvernement, *rédigés conformément aux pro[illegible] grammes officiels*, contenant de nombreux exercices ; par M. H. Bos, ancien élè[illegible] de l'Ecole normale, professeur de mathématiques au lycée Saint-Louis. 1 v[illegible] in-8°, br. 3 fr. 50

LOGIQUE (la) ou l'Art de penser de MM. de Port-Royal, avec analyse et note[illegible] M. A. Aulard, ancien professeur de philosophie, inspecteur de l'Université. 1 vol. in-12, br. 2 fr. 50 c.

DESCARTES. Discours sur la méthode, avec analyse et notes ; par le même. In-12, br. 90 c.

PASCAL. — **Pensées** rétablies suivant le plan de l'auteur d'après les textes ori[illegible] naux, accompagnées des additions et variantes de Port-Royal, précédées d'un dis- cours préliminaire ; par J.-M.-F. Frantin. Seconde édition. 1 vol. grand in-18 [illegible] br. 3 fr. 50 c.

— **Opuscules philosophiques.** Nouvelle édition, accompagnée de notes et précéd[illegible] d'une introduction et de l'analyse de chaque fragment ; par M. Aulard, ancien professeur de philosophie, inspecteur de l'Université. In-12, br. 90 c.

FÉNELON. — Traité de l'existence et des attributs de Dieu, nouvelle éd[illegible] imprimée en gros caractères, avec analyse et notes ; par le même. 1 vol. in-12, [illegible] 1 fr. 50

BOSSUET. — Traité de la connaissance de Dieu et de soi-même, édition im[illegible] mée en gros caractères, et conforme au manuscrit original, précédée d'une intro- duction et accompagnée de notes analytiques et philosophiques ; par M. Hébert Duperron, docteur ès lettres, inspecteur de l'Université. In-12, br. 1 fr. 50 c.

SÉNÈQUE. — Lettres choisies (texte latin). Nouvelle édition imprimée en gros ca- ractères, avec une introduction sur sa vie et ses œuvres, des sommaires et des notes en français ; par un professeur de l'Académie de Paris, docteur ès lettre[illegible] agrégé de l'Université. 1 vol. in-12, cart. 1 fr. 25

XÉNOPHON. — Entretiens mémorables de Socrate, livres I à IV (texte grec[illegible] imprimés en gros caractères, avec des sommaires, des notes inédites de Paul-Lou[illegible] Courier et des remarques explicatives ; par L. de Sinner. 1 vol. in-12, cart. 2 [illegible]

Le même, traduction française de J.-B. Gail. Nouvelle édition précédée d'une [illegible] sur Socrate et accompagnée de sommaires et de notes ; par M. Gérard, professeur agrégé des lettres et de philosophie. 1 vol. in-12, br. 1 fr. 75

Histoire contemporaine depuis 1789 jusqu'à nos jours, rédigée d'après le pro- gramme du 15 décembre 1863 ; à l'usage des élèves de philosophie et des candi- dats au baccalauréat et à l'école de Saint-Cyr ; par M. D. Brissaud, professeur d'histoire au lycée Charlemagne. 1 fort vol. in-12, cart. 5 fr.

Cet ouvrage vient d'être entièrement refondu et complété en ce qui concerne la pér[illegible] de 1848 à 1865.

Histoire contemporaine depuis 1789 jusqu'à nos jours, rédigée d'après le pro- gramme du 15 décembre 1863 ; par M. l'abbé Drioux. Seconde édition. 1 fort[illegible] in-12, cart.

Atlas de géographie et d'histoire, pour les classes de rhétorique et de philo[illegible] et la préparation au baccalauréat ; par MM. Drioux et Leroy. Vingt-trois [illegible] 1 vol. in-4°, cart.